17,95

# Aardappelsalade per post

Wilt u op de hoogte worden gehouden van de romans en literaire thrillers van uitgeverij Signatuur? Meldt u zich dan aan voor de literaire nieuwsbrief via onze website www.uitgeverijsignatuur.nl.

*Lena Gorelik*

# Aardappelsalade per post

Vertaald door Corry van Bree

SIGNATUUR

2009

© SchirmerGraf Verlag, München 2004
Oorspronkelijke titel: Meine weißen Nächte
Vertaald uit het Duits door: Corry van Bree
© 2009 uitgeverij Signatuur, Utrecht
Alle rechten voorbehouden.

Omslagontwerp: Wil Immink Design
Omslagfoto: Getty Images
Foto auteur: SchirmerGraf
Typografie: Pre Press B.V., Zeist
Druk- en bindwerk: Koninklijke Wöhrmann, Zutphen

ISBN 978 90 5672 229 9
NUR 302

Deze uitgave is mede tot stand gekomen dankzij een subsidie van
het Goethe-Institut, gefinancierd door het Duitse Ministerie van
Buitenlandse Zaken.

**GOETHE-INSTITUT**

Dit boek is gedrukt op papier dat het keurmerk
van de Forest Stewardship Council (FSC) mag
dragen. Bij dit papier is het zeker dat de productie
niet tot bosvernietiging heeft geleid. Een flink deel
van de grondstof is afkomstig uit bossen en plantages die worden beheerd volgens de
regels van FSC. Van het andere deel van de grondstof is vastgesteld dat hiervoor geen
houtkap in de laatste resten waardevol bos heeft plaatsgevonden. Daarom mag dit
papier het FSC Mixed Sources label dragen. Voor dit boek is het FSC-gecertificeerde
Munkenprint gebruikt. Dit papier is 100% chloor- en zwavelvrij gebleekt en wordt
geleverd door Arctic Paper Munkedals AB, Zweden.

*Voor mijn familie, bij wie ik altijd een thuis had,*
*ook toen we er geen hadden.*
*En voor Peter.*

# 1

Iedereen heeft een feest gegeven, behalve ik. De anderen geven zelfs meerdere feesten, maar ik ben natuurlijk het kleintje, en mijn moeder zegt tegen me dat het te vermoeiend is om speciaal voor mij nog iets te organiseren. Mijn twee beste vriendinnen mogen bij me logeren, voor de laatste keer, dat geeft genoeg drukte. Het zijn afscheidsfeesten, het afscheid is voor altijd, denken we op dit moment. We emigreren van Sint Petersburg naar Duitsland. Mijn oma geeft twee feesten, eerst voor haar ex-collega's en daarna voor haar vrienden. Mijn ouders geven allebei een apart feest voor hun collega's en gezamenlijke feesten voor vrienden en familieleden. Ik verheug me er ook op mijn tantes en ooms weer te zien. Mijn broer neemt afscheid met maar één feest, maar die nacht moeten mijn ouders en ik bij mijn tante slapen en de volgende ochtend zegt mijn moeder dat het goed is dat we al bijna alles hadden ingepakt, anders was er beslist niets heel gebleven. Ik vind dat het huis er helemaal niet zo vreselijk uitziet, en bovendien ben ik beledigd omdat ik niet was uitgenodigd voor het feest van mijn broer, tenslotte ken ik bijna al zijn vrienden. Ik ben elf, hij is achttien.

In de gang hangt een vel papier waarop mijn vader de datum van ons vertrek heeft geschreven: 2 mei 1992 23.55, en daaronder staat: WIE KOMT? Het is gewoon een herinnering aan de vertrekdatum en geen serieuze vraag, maar bijna iedereen die naar de afscheidsfeesten komt, noteert zichzelf eronder; nu staat er 'ik' in ontelbare handschriften en kleuren en al snel is er geen plaats meer. Iemand hangt er een tweede vel papier onder en schrijft: IK WIL ABSOLUUT MEE! en ook dat blad is al snel vol.

De laatste avond voor ons vertrek zijn alleen onze naaste familieleden en beste vrienden aanwezig, maar dat zijn er nog steeds veel. Oom Boris neemt foto's van Asta en mij; het zijn de enige foto's die ooit van mijn hond en mij zijn genomen en ik knuffel haar telkens weer. Alle familieleden aaien me in het voorbijgaan over mijn hoofd.

Mijn ouders schenken op deze laatste avond 'hun' wodkafles leeg. Op dat moment wordt het akelig stil in de kamer en ik druk me nog dichter tegen Asta aan, ik vind de stilte niet prettig. Als de wodka wordt ingeschonken, lijkt het kabaal dat plotseling ontstaat onnatuurlijk, het maakt me verdrietig. Mijn ouders hadden de fles als huwelijkscadeau gekregen, op het etiket hadden alle gasten destijds hun handtekening gezet, en de wodka zou bij hun zilveren huwelijk worden gedronken. Jarenlang had de fles een bijzonder plekje in de kast gehad, ik keek er telkens weer eerbiedig naar, probeerde de handtekeningen te ontcijferen, pakte hem heel voorzichtig op, altijd met het besef dat ik hem in geen geval mocht laten vallen. Vandaag is het niet eens hun trouwdag, laat staan hun zilveren, maar de fles is leeg. Mijn ouders beseften dat hun vrienden en familieleden waarschijnlijk niet bij hun zilveren bruiloft aanwezig zouden zijn en maakten de fles daarom vandaag open. 'Degenen die destijds hun handtekening hebben gezet, moeten hem ook leegdrinken,' zei mijn vader.

Na het feest neemt mijn neef Asta mee, voor altijd, we mogen haar niet naar Duitsland meenemen. De brief die we van het Duitse consulaat hebben gekregen naar aanleiding van ons verzoek om de hond mee te brengen, begon met het woord *leider*, 'helaas'. Het is het enige Duitse woord dat ik ken. Ik huil de hele avond. Mijn moeder vergiet ook telkens een paar tranen, iedereen omhelst me en zegt dat we allemaal van Asta hielden, maar ik roep: 'Verraders' en sluit me op in mijn lege slaapkamer, die plotseling zo groot lijkt.

Mijn moeder herhaalt deze avond steeds dat de volgende dag heel vermoeiend zal zijn en dat de daaropvolgende twee nachten in de trein ook niet gemakkelijk zullen zijn, maar vannacht slapen we geen van allen. Een week geleden hebben mijn ouders via via Steve leren kennen. Steve is een Amerikaan, een dominee. Sinds het begin van de perestrojka komen er steeds meer Amerikaanse dominees naar Rusland om de ongelovige Russen te bekeren. Hun preken worden op de televisie uitgezonden, religie is plotseling in. Tijdens het communisme werden mensen die in God geloofden uitgelachen. Steve is aardig, hij laat ons foto's zien van zijn drie kinderen in Amerika, ze zijn van mijn leeftijd. Binnenkort komen ze samen met zijn vrouw naar Sint Petersburg. Ik ben de enige van de familie die Engels spreekt, ik zat op een zogenaamde 'Engelse school', en omdat Steve het Russisch nog niet zo goed beheerst, moet ik vertalen wat hij zegt. Op een dag vraagt hij of ik me op Duitsland verheug en voordat ik antwoord kan geven, aait mijn moeder me over mijn hoofd en zegt: 'Ze verheugt zich op de Barbies. Weet u wat Barbies zijn?' Steve lacht, hij heeft het woord 'Barbie' verstaan, natuurlijk weet hij wat dat is, hij heeft twee dochters. Ik verheug me inderdaad op de Barbies, de echte Barbies. In Sint Petersburg zijn alleen namaak-Barbies te koop, ze heten Petra en Alice en Julia, maar wij kinderen weten wat echte Barbies zijn. Een meisje uit mijn klas heeft een echte Barbie: ze heeft prachtige blonde krullen en een mooie roze jurk, maar het mooiste is dat haar benen bij de knieën kunnen buigen. De Petra's en Alices en Julia's zijn heel primitief geproduceerd; twee op

9

elkaar gelijmde plastic lichaamshelften, slordige naden, gladde haren. Toch kosten ze een vermogen. Ze staan geëtaleerd in de kiosken die sinds een jaar op elk metrostation uit de grond schieten en goedkope artikelen uit Polen en Turkije verkopen. Tijdens onze uitgebreide wandelingen wijs ik mijn oma en Asta verlangend op alle Petra's en Alices in de etalages van de kiosken. Daarna krijg ik voor mijn verjaardag een Petra van mijn oma, de goedkoopste die er te krijgen is, en toch is ze veel te duur voor mijn familie. Het meisje uit mijn klas met de echte Barbie zegt: 'Ze heeft niet eens een jurk aan', maar ik hou van mijn Petra. Mijn Petra draagt een gebloemde body.

Op de dag van vertrek wordt er een paar uur voordat we naar het station gaan aangebeld en we vragen ons af wie dat nog kan zijn. Het is Steve, die alleen snel afscheid wil nemen, zegt hij, zijn chauffeur wacht beneden, maar hij wilde nog een kleinigheid brengen. Hij duwt een doos in mijn hand, het is een roze doos waarop in Latijnse letters, in het Engels, BARBIE staat geschreven. Het is een echte Barbie, met blonde haren en een jurk en apart verpakte schoentjes. Voor even vergeet ik Asta en Duitsland en alle bagage in de gang en ik begin een belrondje naar iedereen in mijn klas, ze moeten allemaal weten dat ik een Barbie heb. 'Maar zeg tegen iedereen dat het een echte is, in de juiste doos, niet in een plastic zak zoals de Petra's en Julia's,' vertel ik mijn vriendinnen steeds weer.

'Pak hem toch uit,' zegt mijn moeder, en mijn broer wil de doos uit mijn hand trekken en openscheuren, maar dat wil ik niet, ik stel het opwindende moment uit. Ik ben een beetje bang dat de benen bij de knieën niet buigen.

Op het station zijn zoveel mensen dat ik niet weet van wie ik het eerst afscheid moet nemen. We horen bij de eerste emigranten die naar Duitsland vertrekken. We weten niet of we ooit nog naar Rusland zullen terugkeren, of we onze familie en vrienden nog eens terugzien. Mijn neef vertelt dat Asta niets wil eten en snuffelend door de woning loopt, ze zoekt ons. Ik wil het niet horen. Mijn beste vriendinnen zijn er ook, hun moeders hebben hen hiernaartoe gebracht. Ze zijn heel ongeduldig en willen de Barbie absoluut zien. We pakken haar samen uit.

'Anja, neem eens afscheid van ons, laat me je omhelzen,' zegt mijn tante met tranen in haar ogen, en ik laat me door iedereen knuffelen, maar zodra ze me loslaten ren ik naar mijn vriendinnen en bewonderen we samen de Barbie. 'Kom op, buig haar benen,' zegt een van hen. De echtheidstest. Ik duw tegen de linkerknie, heel voorzichtig, en ... hij buigt niet. 'Hij buigt niet,' roepen we alle drie opgewonden. 'Dat kan niet, ze is toch echt, in een echte doos!'

Als de trein wegrijdt sta ik bij het raam, ik duw mijn neus tegen het smerige glas, zwaai en prent mezelf in dat ik mijn geboortestad, mijn familie, mijn vriendinnen en Asta waarschijnlijk nooit meer zal zien, maar eigenlijk kan ik het niet geloven. Hou dit moment vast, zeg ik tegen mezelf als de trein het station uitrijdt, maar het enige wat ik zie is duisternis en een paar brandende straatlantaarns. Ik draai me om en loop naar onze coupé. Er zijn vier ligbanken in elke coupé, we zijn met z'n vijven, mijn ouders, mijn broer, mijn oma en mijn tante, die tot de grens met ons meereist voor het geval we bepaalde spullen niet mogen meenemen van de Russische douanebeambten. Soms nemen ze spullen van emigranten in beslag die ze goed kunnen verkopen, maar vaak houden de douanebeambten ook wat ze niet kunnen gebruiken, zoals medicijnen, gewoon voor de grap. Als dat zo is, kan mijn tante de spullen die we niet mogen uitvoeren weer meenemen naar Sint Petersburg. We hebben een hele coupé en twee ligbedden in de coupé ernaast gereserveerd. Mijn familie zit stil bij de tafel als ik de coupé in kom, alleen mijn tante praat, zoals altijd, en mijn oma huilt.

'De benen van de Barbie kunnen niet buigen,' zeg ik

tegen hen. Op het perron luisterde niemand naar me.

'Geef eens,' zegt mijn broer, maar ik verstop de pop achter mijn rug uit angst dat hij haar stukmaakt.

'Ben je voorzichtig?'

'Ja,' belooft hij.

'Echt?'

'Echt.' Ik geef hem de Barbie, hij duwt tegen de knie, het kraakt een beetje en dan knikt het been een stukje in.

'Het lukt!' roep ik. 'Het lukt! De knieën kunnen buigen!' Mijn broer laat me zien hoe het werkt, hij heeft gewoon wat harder geduwd, ik ben te voorzichtig geweest. Hij beweegt de benen van de Barbie een paar keer heen en weer, maar ik waarschuw hem: 'Stop, als je dat te vaak doet gaat ze vast stuk.'

'We rijden nu Sint Petersburg uit,' zegt mijn vader.

De volgende middag passeren we de douane en mijn tante stapt uit. Ze heeft een klein tasje met spullen bij zich die we niet mogen uitvoeren, niets belangrijks, we vreesden dat het erger zou zijn. Ze gaat met de eerstvolgende trein naar Sint Petersburg terug. Ik heb de telefoonnummers van mijn vriendinnen op een briefje geschreven; mijn tante heeft de belangrijke taak hen allemaal te bellen, zodra ze aankomt, om het fantastische nieuws door te geven dat de benen van de Barbie toch kunnen buigen. Mijn tante staat voor het raam om een laatste keer afscheid te nemen, mijn oma huilt weer en mijn tante roept heel hard: 'Veel geluk in Duitsland! Schrijf ons! We houden van jullie!'

Ik zwaai en roep terug: 'Bel mijn vriendinnen, zeg tegen ze dat de benen van de Barbie kunnen buigen!'

# 2

Lara, Jan en ik zitten in de biergarten bij de Chinese toren. We delen twee pullen bier en Jan eet knoedels met rodekool, hij komt uit Noord-Duitsland en houdt nog meer van Beiers eten dan van mij, ik knabbel aan een reuzenkrakeling, en Lara, die heeft verkondigd dat ze geen honger heeft, trekt er telkens weer een stuk vanaf. Het is zomer en heel warm, ik heb mijn schoenen uitgetrokken en mijn tenen spelen met de kiezelstenen onder de tafel. Een grote, verfomfaaide hond, die slaperig bij de buurtafel ligt, staart naar me. Ik zou hem graag aaien, maar zijn eenzame baasje is al aan zijn derde pul bezig en ziet er niet uit alsof hem dat zou aanstaan. We lachen om het belegen, vrijende stel dat een paar tafels verderop zit. De man draagt een elegant grijs kostuum en heeft zijn stropdas losgemaakt, de vrouw draagt een kleurige zomerjurk en slippers, waarvoor ze te oud lijkt, en als ze elkaar kussen is het net alsof ze elkaar opeten. We zijn ervan overtuigd dat hij getrouwd is en in zijn lunchpauze met deze vrouw vreemdgaat.

'Zijn vrouw is natuurlijk heel mager en doet niets anders dan dure kleding kopen,' zegt Lara.

'Of ze werkt als vrijwilligster bij diverse organisaties en is een bijzonder goed mens, maar die kerel is te oppervlakkig om dat te beseffen,' bedenkt Jan.

Ik zeg niets. Ik voel de kiezels onder mijn voeten, tegenover me zitten mijn vriend en mijn hartsvriendin, het is zomer, ik ben lui en gelukkig. Het is fijn dat Lara en Jan ook zonder mij met elkaar overweg kunnen. Lara pakt de krakeling uit mijn hand en trekt er nog een stuk af.

'Ja, en terwijl zijn vrouw kindertjes van vluchtelingen bezoekt om ze iets te eten te brengen, is hij hier aan het rotzooien,' werkt Lara het verhaal van Jan giechelend verder uit.

'Inderdaad, ze is net zo'n vrouw als Christa, die altijd bij jullie in het kamp op bezoek kwam, toch, Anja?' zegt Jan tegen me. Hij lacht, hij vindt het leuk om verhalen te verzinnen. Hij merkt helemaal niet dat hij mijn zomeridylle kapotgemaakt heeft.

'In welk kamp kreeg je bezoek?' vraagt Lara, de oplettende Lara.

Ik werp Jan een blik toe die zegt: Kun je je grote mond niet houden?

'O, toen we naar Duitsland kwamen hebben we eerst een tijd in een vluchtelingenkamp gewoond,' vertel ik zo terloops mogelijk. Ik pluk aan de krakeling, kijk niet op en hoop dat ik afwijzend genoeg heb geantwoord. Ik heb geen zin om er meer over te zeggen.

'Hebben jullie in een vluchtelingenkamp gewoond? Hoe lang dan? Daar heb je nooit iets over verteld!' zegt Lara.

Er is een reden voor dat Lara niets over het kamp weet. Er is een reden voor dat Jan het niet had mogen zeggen. Het kamp is ver weg, twaalf jaar en meer dan driehonderd kilometer ver weg, in mijn huidige leven is geen kamp, dat heeft met bier in de middag en kiezels onder mijn voeten en onzinnige gesprekken in de zomer te maken. Lara is mijn beste vriendin, met wie ik over Jan en niet aanwezige relatieproblemen praat, met wie ik colleges op de universiteit verzuim voor een kop koffie en met wie ik naar voor vrouwen gemaakte gênante Hollywoodfilms kijk. Ik ben in Rusland geboren en op elfjarige leeftijd naar Duitsland gekomen, dat is voldoende informatie voor haar. Ik wil niet over het vluchtelingenkamp praten. Het kamp leidt tot onaangename vragen. Het maakt me anders, verandert me van een exotische Russin in een indringster, omdat een kamp – en dan ook nog een vluchtelingenkamp – nou ja, nogal buitenissig is. Lara is opgegroeid in een prachtig huis met een grote tuin aan het Starnbergermeer. Ik vind het prima zo: zomer, drie vrienden, een beetje wegdromen, en het kamp, wat tenslotte echt geen fijne herinnering is, heel ver weg.

Aan de rand van de stad, waar geen huizen meer staan maar alleen een paar leegstaande Amerikaanse kazernes achter prikkeldraad, ligt het vluchtelingenkamp, eveneens achter prikkeldraad. Het bestaat uit lange, bruine gelijkvloerse barakken met heel dunne muren, ik heb een keer een documentaire gezien over een gevangenis, die zag er net zo uit. In de barakken wonen asielzoekers, buitenlanders die op een verblijfsvergunning wachten, geen woord Duits spreken en om de paar dagen een voedselrantsoen uitgereikt krijgen.

Ook voor ons, status quotumvluchteling, met een verblijfsvergunning voor onbepaalde tijd, 'de betere' buitenlanders dus, die hier toevallig en ten onrechte zijn beland omdat de stad niet was voorbereid op de joodse immigranten uit Rusland, is het anderhalf jaar lang hun thuis. Onze kamer is twaalf vierkante meter en bevat twee stapelbedden, een dunne matras op de vloer, een tafel en een kast. Mijn vader en ik slapen op de bovenste bedden, mijn broer op de matras, en als hij na verloop van tijd verhuist om te gaan studeren zijn we allemaal blij, nu hebben we heel veel ruimte. Mijn oma, die bijna tachtig is, klaagt en huilt veel, ze wil naar haar oude huis in Rusland terug. Mijn ouders maken vaak ruzie, omdat iedereen op twaalf vierkante meter ruzie zou maken, omdat we de douche en de keuken met zeventien andere gezinnen uit Rusland moeten delen en privacy een afwezige luxe is. En ik, ik ben elf jaar en in de war, omdat Barbies in Duitsland niet zo goedkoop zijn als ik had gedacht, omdat ik geen woord van de taal versta en daarom op school, behalve als we wiskunde hebben, nooit weet met welk vak we bezig zijn. Ik ben elf en heb dus niets te vertellen.

In de eerste zomer in het kamp leen ik elke week meerdere kinderboeken bij de openbare bibliotheek en lees ze buiten, liggend in het gras. Als ik opkijk zie ik het prikkeldraad en de hemel, en als de school weer begint kan ik heel redelijk Duits en krijg ik vriendinnen. Mijn ouders schrijven onze familieleden in Rusland dat het goed met me gaat, dat ik zelfs al tamelijk goed Duits spreek en vriendinnen heb. Maar mijn klasgenootjes hebben Scoutrugzakken en Pelikan-vulpennen, en ik durf mijn ouders niet om waskrijtjes te vragen, hoewel de leraar zegt dat ik die nodig heb voor de les. Mijn nieuwe vriendinnen zijn heel aardig, na school spelen we vaak bij hen thuis en als ik 's avonds naar huis fiets (ik heb een eigen fiets, van de vlooienmarkt, maar hij is van mij, 's nachts staat hij in onze kamer tussen de tafel en de kast zodat hij niet wordt gestolen), stel ik me voor dat mijn familie in het huis woont waar ik net ben geweest. Het is mijn lievelingsspel. Van mijn vriendin Sandra leen ik met een smoesje een Quelle-catalogus. Voordat ik ga slapen blader ik in mijn stapelbed telkens weer door de meubelbladzijden, om me de inrichting van ons huis beter te kunnen voorstellen.

Sandra vraagt voortdurend wanneer we een keer bij mij gaan spelen, en op een gegeven moment weet ik geen uitvluchten meer te bedenken en fietsen we naar het kamp. Ik weet niet waar we moeten spelen, in onze kamer is geen plek, daar zit mijn familie, en voor de barakken staan de Albanezen, die ons spullen willen verkopen en in het Albanees tekeergaan, en ik ben bang dat Sandra dat niet zo prettig vindt en dat haar fiets wordt gestolen. Sandra kijkt nieuwsgierig om zich heen als we in het kamp aankomen, nieuwsgierig en verbaasd, en ik schaam me vreselijk, want in de barak stinkt het altijd en buiten zijn de Albanezen. Ik wil dat Sandra weer weggaat en zodra we in de gang van onze barak staan zeg ik: 'O, ik ben onze kamersleutel vergeten, we kunnen vandaag toch niet hier spelen, mijn ouders zijn er namelijk niet.' Op dat moment komt mijn vader uit onze kamer de gang in lopen, hij ziet ons en zwaait, hij wil mijn vriendin leren kennen, maar ik pak Sandra's hand en trek haar naar buiten. Haar fiets staat gelukkig nog bij het hek.

We spelen die middag weer bij Sandra, ze heeft een eigen kamer, en haar broer ook, haar moeder maakt pizza voor ons, de eerste pizza van mijn leven. Later, in het kamp, vraagt mijn vader waarom ik zo snel ben weggerend met mijn vriendin en of ik me soms schaam. Ik wil geen antwoord geven, ik wil geen 'ja' zeggen, want ik ben elf en ik moet tevreden zijn, mijn ouders maken voortdurend ruzie en mijn oma huilt, ik ben elf en tevreden. Ik vertel mijn vader over de heerlijke pizza en de volgende dag koopt hij diepvriespizza's bij Aldi. We hebben geen oven in het kamp, dus snijdt mijn vader ze in stukken en die bakken we in een pan, mijn tweede pizza.

Ik knabbel aan de krakeling en kijk niet op. Jan pakt over de tafel heen mijn hand. Lara pakt mijn andere hand. Dat ziet er vast grappig uit, een man en een vrouw houden over de tafel heen de hand van een andere vrouw vast, voor hen staan twee pullen. We zwijgen nog wat, ik staar naar de krakeling, hoewel ik de blikken van Lara en Jan op me voel, dan hou ik het niet meer uit en ik zeg: 'Zullen we straks naar de bioscoop gaan?'

# 3

Jan kijkt niet naar me, maar de knappe man die bij het raam met een vriend staat te praten, glimlacht de hele tijd in mijn richting. Ik glimlach terug. Hij is groot, slank en zongebruind, uit de korte mouwen van zijn geruite oranje overhemd steken gespierde armen. Niet te gespierd, maar precies goed, mannelijk. Jan zit met twee collega's op de bank, drinkt bier en zwaait af en toe naar me als ik langsloop. Hij zwaait naar me, maar niet met de bedoeling dat ik naar hem toe kom. Ik praat met verschillende mensen, die ik allemaal maar matig interessant vind, haal steeds weer chocolademousse bij het buffet en hoop dat Lara snel op het feest arriveert.

Telkens als ik naar de knappe man bij het raam kijk, kijkt hij ook naar mij. Dat doet me goed. Jan drinkt nog steeds bier met zijn collega's. Ik vraag me af of ik bij hem zal gaan zitten, zodat de man bij het raam ziet dat ik een vriend heb, dat we hier zelfs samen zijn, maar dan bedenk ik dat ze natuurlijk over hun werk praten, wat behoorlijk saai is, Jan is chemicus en doet onderzoek in een universiteitslab, en flirten is niet erg. Ik glimlach nog een keer in de richting van het raam. Is flirten niet erg als je vriend op hetzelfde feest is? Waarom flirt ik niet liever met Jan? Waarom zit hij liever op de bank dan met mij te flirten? En waar blijft Lara, met wie ik dit probleem zou kunnen bespreken?

'Je hebt niets te drinken, zal ik iets voor je uit de keuken halen?' vraagt de knappe man met de gespierde armen plotseling naast me.

'Ik wilde er net naartoe gaan om wat te mixen,' antwoord ik, en ik vraag me af of dat een onvriendelijke afwijzing was. Zo was het in elk geval niet bedoeld. 'Ik ga een wodka-lemon mixen. Wil jij er ook een?' voeg ik eraan toe.

'Dat klinkt goed,' antwoordt hij. Van dichtbij is zijn glimlach minder mooi. Hij heet Martin en is net terug van een duikvakantie in Egypte. Duiken is de allergeweldigste sport. Dat hoor ik allemaal op weg naar de keuken. Hij vraagt niet eens hoe ik heet.

'Russisch of Duits?' vraag ik in de keuken aan hem, ik heb al een fles wodka, een fles bitter lemon en twee glazen klaargezet. Normaal gesproken geef ik alleen goede vrienden, die alles over me weten, de keuze tussen een Russische of een Duitse wodka-lemon. Ik ben zelf verrast dat de vraag me is ontglipt. Ik wilde alleen zijn woordenstroom onderbreken. Het is niet alles goud wat er blinkt, schiet me te binnen.

'Wat is het verschil?' vraagt hij. Ik wist dat deze vraag zou komen.

'Het verschil is simpel: in een Russische wodka-lemon zit meer wodka, die is maar voor de helft met bitter lemon aangevuld,' leg ik uit. Hopelijk klinkt het niet betweterig.

Martin kijkt me aan. Misschien accepteert hij het antwoord en vraagt hij niet door, denk ik, misschien vertelt hij verder over zijn duikvakantie.

'Hoe weet je hoe je een echte Russische wodka-lemon moet maken?' vraagt Martin.

'Ik ben in Rusland geboren,' zeg ik. Zo meteen komt het. Het altijd terugkerende, onvermijdelijke 'éééééécht?'.

'Eéééécht?' vraagt Martin. Soms denk ik dat Duitsers denken dat Russen buitenaardse wezens zijn die er niet als mensen uitzien, zo verbaasd word ik na dit 'éééééécht?' altijd aangekeken.

'Ja, echt,' antwoord ik. Serieus.

'En waarvandaan dan?'

'Sint Petersburg.'

En nu nog een keer.

'Eééééecht?'

Martin stelt me niet teleur.

'Ja, echt.' Nee Martin, ik ben een notoire leugenaarster en heb het allemaal verzonnen. In werkelijkheid kom ik uit Egypte, waar ik mijn leven met duiken vul.

'Wat wordt het, Russisch of Duits?' vraag ik nog een keer en ik houd de wodkafles voor zijn neus.

'Ik denk dat ik liever een Duitse heb,' antwoordt Martin. Natuurlijk, met een Russin drink je geen Russische wodka. Die Russen zuipen toch altijd zoveel? Angstaanjagend veel. 'De avond is tenslotte nog jong, misschien stap ik straks over,' voegt hij er verontschuldigend aan toe.

Ik mix dus een Russische wodka-lemon voor mezelf en een Duitse voor hem. Raar gedoe. Bijna niemand heeft Dostojevski gelezen, maar wodka drinken, dat doen de Russen, nietwaar? Ik neem een slok van mijn Russische wodka-lemon en luister naar de gebruikelijke vragen. Of we bij de lunch al wodka drinken, dat heeft hij een keer gehoord. Of alle Russen wodka drinken. Ja, dat doen ze, eigenlijk al bij het ontbijt, van wodka word je sneller wakker dan van koffie.

'Eééééecht?'

'En wanneer heb jij je eerste wodka gedronken?' vraagt Martin.

'Op mijn vierde verjaardag,' antwoord ik.

'Eééééecht?'

Bij ons thuis was er nooit wodka. Mijn ouders drinken nauwelijks alcohol, behalve als er visite is, en dan meestal wijn. Mijn vader drinkt soms op zondag een biertje bij het middageten, als het warm is. Maar dat vertel ik deze Martin niet, die er niet half zo goed uitziet als daarstraks vanuit de verte en een bekrompen saaie piet is die van het geld van zijn ouders naar Egypte gaat om te duiken en zichzelf een echte kosmopoliet vindt. Het beeld van de Russen, die met een muts met oorkleppen op de ene fles na de andere legen, wil ik niemand ontnemen, dat vind ik zelf tenslotte ook prachtig. Het is alleen jammer dat het niet met de werkelijkheid overeenkomt. Ik drink mijn Russische wodka-lemon en mix er nog een, Martin kijkt me half bewonderend, half medelijdend aan. Toch is het heel eenvoudig: er bestaat een truc voor. Je mag naast wodka absoluut geen andere alcoholsoort drinken. Dat is alles. Dan heb je gewoon een gezellige avond en krijg je ook geen kater. En je moet *sakuska* eten.

'Eéééécht? Wat is dat dan?'

Een woord dat niet te vertalen is. Je moet na een slok wodka iets eten: een stukje brood, een augurk of een haring als je in Rusland drinkt; wat chips of zoute stengels als je op een feestje in Duitsland bent. Dat vermindert het effect van de wodka en het brandt niet in je keel. Wie deze twee eenvoudige regels in acht neemt, verdraagt grote hoeveelheden wodka.

Als mijn ouders visite hebben en er soms toch wodka wordt gedronken (vaak nemen hun Duitse vrienden dat mee), volgt altijd weer dezelfde scène: mijn vader haalt hapjes, Duitse hapjes welteverstaan, geen haring, hij heeft zich heel goed aangepast, hij haalt bijvoorbeeld sneetjes stokbrood met zalm of kwark, zet het blad voor de Duitse vrienden neer en zegt: 'Na-eten.' Na-eten, meer niet. Na-eten is de best mogelijke vertaling van sakuska. Al mijn pogingen om hem uit te leggen dat het ten eerste onbeleefd is en als een bevel klinkt, en ten tweede dat geen Duitser het begrijpt, mislukken. 'Na-eten.' In het Russisch is het tenslotte ook alleen sakuska. Meer niet, geen verzoek, geen uitleg.

'Na-eten,' zegt mijn vader, die altijd heel vastberaden

klinkt, en vooral op zo'n moment. Er valt een pijnlijke stilte.

'Na-eten,' herhaalt mijn vader.

'Wat betekent na-eten?' vraagt iemand eindelijk.

'Na wodka moet je na-eten. Kom, na-eten,' legt mijn vader stomverbaasd uit. Wat zijn ze toch traag van begrip, die Duitsers. Als je wodka drinkt, moet je na-eten. Hij neemt een hapje. Ten slotte doen de Duitse vrienden hem na. Hij kijkt tevreden. Ik ren naar buiten.

Martin vertelt over een James Bond-film, waarin de Russen de slechteriken zijn. Ik denk aan mijn vader en luister niet naar hem.

'Ja, zo zijn ze, die Russen,' antwoord ik als hij even stil is. Ik schuif een zak chips naar hem toe die op tafel ligt en zeg: 'Na-eten.'

Dan pak ik mijn wodka-lemon en loop de keuken uit, het kan me niet schelen of het onbeleefd is. In de gang kom ik Jan tegen.

'Ik was je net aan het zoeken,' zegt hij en hij geeft me een kus op mijn voorhoofd.

'Ik jou ook,' antwoord ik, plotseling gelukkig dat ik hem zie.

'Ik heb een wodka-lemon voor een rare kerel gemixt,' vertel ik hem.

'Moest je hem uitleggen dat Poesjkin ook een dichter en niet alleen wodka is?'

'Dat gelukkig niet, maar hij heeft minstens vijf keer "ééééécht?" gezegd,' vertel ik.

'Arme jij.' Jan streelt over mijn hoofd en trekt me naar de keuken. 'Mix je voor mij ook een wodka-lemon?' vraagt hij. 'Ik haal intussen wat na-eten.'

Ik glimlach. 'Russisch of Duits?'

# 4

Russische moeders zijn een klasse apart, en Russisch-
joodse moeders zijn nog veel erger. Ze zeggen: 'De vervulling van mijn leven ben jij. Ik ben geboren om jouw
moeder te zijn.' Ze zeggen dat voortdurend, niet omdat ze
heel dramatisch willen zijn en ook niet op een erg emo-
tioneel moment, dat niet. Ze zeggen het elke dag, vlak
nadat ze je hebben verteld dat je niet geïnteresseerd bent
in je familie, dat je harteloos bent en hun hart breekt. Dat
doen ze niet omdat je iets verkeerd hebt gedaan, maar
gewoon zomaar, omdat het erbij hoort. Duitse moeders
vragen hun kind aan de telefoon misschien: 'Nou, hoe
gaat het met je?' In elk telefoongesprek met Russische
moeders daarentegen komt het thema levensvervulling
ter sprake. Ze drijven ons daarmee tot waanzin of naar de
psychiater. Duitse ouders zijn voor hen geen ouders. 'Wat
zijn dat voor moeders, die hun kinderen maar één keer
per week bellen? Wat zijn dat voor moeders, die hun kinderen niet elke avond welterusten wensen?' Het veront-
rustende daaraan is dat ze het niet over basisschoolkinde-
ren hebben, maar over mannen en vrouwen die zelf al
kinderen hebben. Een Russische moeder belt zelfs vanaf
haar vakantieadres in het buitenland elke dag. Al haar
kinderen. Ik weet waarover ik praat. Ik heb zo'n moeder.
   Soms zegt Jan, wiens Duitse moeder nooit vaker dan
één keer per week belt: 'Ik vergeet vaak dat je eigenlijk een
Russin bent.' Soms vergeet ik het zelf ook. Dan ben ik met
mijn vrienden samen en voel ik me gewoon goed. Tot
mijn mobiel gaat. Het is altijd, echt altijd, mijn moeder,

mijn me tot waanzin drijvende, heel emotionele, heel Russische moeder, ze zegt '*priwet*', wat 'hallo' betekent, en weg is mijn gevoel van welbehagen. Ze belt om me te vragen of ik heb geluncht, ze belt van Ludwigsburg naar München om me te vertellen dat ik goed moet eten. Ik ben niet ziek en ook niet pas een paar dagen geleden uit huis gegaan, het is een gewone dag, een dinsdag bijvoorbeeld, en als mijn moeder me niet zou bellen zou ik bang zijn dat er iets met haar was gebeurd. Meestal als Jan zegt: 'Ik vergeet vaak dat je eigenlijk een Russin bent', gaat prompt de telefoon, mijn moeder belt en herinnert ons aan mijn afkomst.

Mijn goede vrienden moeten lachen als mijn mobiel gaat. Ze zeggen: 'Doe je moeder de groeten', en mijn beste vrienden, die mij lang en goed kennen, en mijn moeder ook, voegen er nog aan toe: 'En vraag haar wanneer ze je weer gehaktballen stuurt, die zijn zo lekker.' Mijn Duitse vrienden lachen erom, maar mijn Russische vrienden vertellen me dat mijn moeder erg verduitst is, die van hen zijn nog erger. Ik zeg tegen mijn moeder: 'Ja, ik heb gegeten' en 'Ja, natuurlijk hou ik van je'. Ze zegt tegen me dat mijn broer en ik de vervulling van haar leven zijn en verwijt me dat ik niet geïnteresseerd ben in mijn familie. Ik bedenk inmiddels hoe fantastisch de wereld moet zijn geweest toen de telefoon nog niet was uitgevonden, maar dan bedenk ik dat mijn atechnische moeder hem in dat geval heel snel zelf had uitgevonden. Want hoe had ze moeten overleven zonder me elke twee uur te bellen en me aan eten, het koude weer, haar oneindige liefde voor mij en mijn plichten tegenover mijn familie te herinneren?

Mijn broer is voor zaken in München en komt op bezoek. Als hij de auto heeft geparkeerd, belt hij met zijn mobiel en vraagt ons naar beneden te komen.

'Trek je jas aan, we moeten Andrej helpesn sjouwen,' zeg ik tegen Jan.

Hij kijkt me verbaasd aan en vraagt: 'Wat moet er dan gesjouwd worden? Ik dacht dat hij maar één nacht bleef.' Dan gaat hem een lichtje op, hij haalt diep adem en ik hoop vurig dat mijn moeder niet uitgerekend op dit moment belt, en vooral dat Jan dan niet opneemt. De telefoon gaat inderdaad, want wanneer gaat die niet bij ons – het is natuurlijk mijn moeder – maar we kijken elkaar aan en nemen niet op.

We gaan dus naar beneden en sjouwen spullen naar boven tot onze gang vol is: tassen, manden, een enorme reistas (waar haalt ze die dingen toch altijd vandaan?), meerdere rugzakken en twee kratten multivitaminesap. Ik haat multivitaminesap. Het is gezond, zegt mijn moeder. Onze koelkast is klein en vooral vol, en Jan kijkt me woedend aan en vraagt: 'Je hebt vanochtend toch twee uur met je moeder gebeld om haar te vertellen dat we niets nodig hebben?'

Mijn broer steekt zijn handen in de lucht en zegt: 'Hé, ik heb drie kratten sap thuisgelaten, die wilde ze per se nog meegeven. Daar mogen jullie me wel dankbaar voor zijn.'

Ik pak uit: gehaktballen (die horen in elke koelkast, zeggen Russische moeders), vier weckflessen zelfgemaakte auberginecrème (ik heb één keer, maar één enkele keer, gezegd dat ik die lekker vond), enorme hoeveelheden aardappelsalade, zelf ingemaakte augurken, zelfgemaakte jam, en daarnaast uien, aardappelen, wortelen, aubergines, melk, kaas, worst, boter, brood en broodjes, blikken maïs, tonijn en tomaat, en twee komkommers. Het is toch vreemd: mijn moeder heeft haar studie cum laude afgesloten, ze is belezen en ontwikkeld, ze heeft inmiddels veel van de wereld gezien, maar ze schijnt nog steeds te denken dat er in München geen supermarkten zijn.

Jan pakt ook uit, gegrilde kippendijen en een map vol krantenartikelen die mijn moeder voor me heeft uitgeknipt. Hij zet alles op de grond omdat de koelkast vol is, op de tafel is ook geen plaats meer en in de kasten past sinds het laatste bezoek van mijn ouders niets meer. Hij pakt nog een tas, haalt er een metalen doos uit en maakt hem open, er zitten naalden en garen in alle kleuren van de regenboog in. Jan kijkt me vragend aan. 'Toen mijn ouders de laatste keer hier waren vroeg mijn moeder om naaigerei en ik zei dat we dat niet hadden,' leg ik uit. Hij loopt de kamer uit, de telefoon gaat en mijn me tot waanzin drijvende moeder, mijn heel emotionele, heel Russische moeder zegt met een door tranen verstikte stem: 'Het spijt me zo, ik ben vergeten om iets van de preitaart die ik heb gebakken mee te geven!'

# 5

Iemand pikte ergens iets op. Dat werd dan – vaak als groot geheim en alleen met uitverkoren personen – in de keuken van het kamp tussen de pannen en het fornuis besproken. Iemand anders voegde er een detail aan toe, tot er een enigszins helder beeld of een onderzoeksopdracht ontstond. Er wonen ongeveer zestig Russische joden in het asielzoekerscentrum die niets over het leven in Duitsland weten. Zo verspreidt de informatie zich. Er bestaat iets wat kinderbijslag heet. De schoolschriften hebben om onbegrijpelijke redenen nummers, en de leerkrachten hechten er veel waarde aan dat de kinderen de schriften met het juiste nummer meenemen. Een kort traject is goedkoper dan een gewone buskaart. Wat een kort traject is, moet echter nog achterhaald worden. Aldi is goedkoper dan Tengelmann. In de binnenstad is een bibliotheek, iemand zou eens moeten kijken of daar ook Russische boeken zijn. In de supermarkt kun je heel grappige pakjes thee kopen, waarin kleine buideltjes zitten die voor één kop thee zijn bedoeld en die van een draadje zijn voorzien, zodat je het buideltje gemakkelijker uit het kopje kunt halen (dat kon lange tijd niemand geloven).

Iemand pikt ergens op dat er iets bestaat wat vlooienmarkt wordt genoemd. Blijkbaar zijn er daar grote hoeveelheden heel goedkope spullen te koop. Iemand anders weet waar het is. De vlooienmarkt ligt op ongeveer vijf kilometer van het kamp, buiten is het heet, dertig graden, en onaangenaam benauwd. Op de plattegrond lijkt het niet ver, we lopen alles, de bus is te duur en niemand heeft een auto of een fiets. Mijn vader, mijn broer en nog een paar mannen gaan op pad. Omdat niemand weet wanneer de vlooienmarkt begint, vertrekken ze voorzichtigheidshalve om zeven uur 's ochtends. Het hele kamp is om zeven uur wakker, opgewonden, hoopvol, alsof de mannen de oorlog in trekken. Ik sta bij het hek op de uitkijk, ik hoop zo dat ze een pluchen knuffel voor me meenemen, een echte pluchen knuffel, zo een als de jongen uit de kamer naast ons heeft, hij heeft familieleden die al langer in Duitsland wonen, die hebben hem een hond gegeven die bijna tot mijn middel komt en de mooiste hond van de wereld is, dat vinden we allemaal. Ik hoop stiekem dat mijn vader voor mij ook zo'n hond meeneemt, maar dat geef ik niet toe. Ik heb tegen hem gezegd dat ik ook tevreden ben met een piepkleine, pluchen knuffel. Met alles, het hoeft ook geen hond te zijn.

Tegen twaalf uur zien we ze terugkomen, moe en bezweet, met lege handen. Ik heb de hoop op een enorme pluchen hond opgegeven, maar mijn vader heeft een tas bij zich, misschien zit daar een kleine knuffel in. Ze hebben niets voor me meegenomen, de tas is leeg. Ze hebben niets gekocht omdat ze alles zo duur vonden en elke familie toch maar één kamer heeft die al vol staat met spullen uit Rusland.

'Later,' zegt mijn vader, 'als we een woning hebben, kunnen we daarnaartoe gaan en heel veel kopen.' Hij vertelt over een neushoorn die ze hebben gezien en die tien mark kostte. Ik ben verliefd op de neushoorn zonder dat ik hem heb gezien, en ik haal mijn moeder over om met me naar de vlooienmarkt te gaan. We gaan op pad, mijn moeder, een buurvrouw met haar dochter en ik. Het is ver, het is heet.

De vlooienmarkt is enorm groot, alles wat je maar kunt wensen schijnt er te zijn, maar ondanks lang zoeken en de nauwkeurige instructies van mijn vader vinden we de kraam met de neushoorn niet. Ik ben bijna in tranen en ten slotte koopt mijn moeder een nijlpaard voor me. Het is een blauw nijlpaard, nauwelijks tien centimeter groot, het hangt aan een rode draad en is bedoeld voor de achteruitkijkspiegel in de auto, het kost vijftig pfennig en maakt me gelukkig. Het fantastische nijlpaard bungelt aan mijn vinger, weliswaar is het nog kleiner dan de poten van de pluchen hond van mijn dromen, maar het is van mij, mijn eigen blauwe nijlpaard.

De terugweg is nog vermoeiender dan de heenweg, misschien omdat de voorpret nu ontbreekt, het is middag en de zon brandt op onze rug. De dochter van de buurvrouw, die jonger is dan ik, huilt omdat ze zo'n dorst heeft, ik verman me echter en klaag niet, omdat ik een nijlpaard heb gekregen. Op een gegeven moment lopen we langs een bruingeverfd gebouw met meerdere verdiepingen, in het midden is een grote binnenplaats met een speelplaats.

'Hier wonen vast heel rijke mensen,' zegt het kleine meisje. 'Kunnen we die niet vragen of ze iets te drinken voor ons hebben?'

We komen inmiddels allemaal bijna om van de dorst, ook de moeders, en op de binnenplaats spelen Turkse kinderen, dus vragen we hun of we misschien iets te drinken kunnen krijgen. Ze kijken eerst verbaasd, maar lopen dan het gebouw in en halen een fles mineraalwater voor ons. We drinken om de beurt, het smaakt zo heerlijk, het is water met koolzuur, we drinken het voor de eerste keer, eerst mogen de kleintjes, dan de moeders. Als de Turkse kinderen zien hoeveel dorst we hebben halen ze nog een fles voor ons, om mee te nemen. Mijn moeder bedankt hen uitvoerig, zij spreekt het best Duits, maar wij zeggen ook een paar keer 'dank je wel, dank je wel, dank je wel'.

We lopen verder terwijl we de fles als een schat bewaken, en ineens blijft mijn moeder staan en zegt tegen de buurvrouw: 'Kun je je voorstellen dat er mensen zijn die zo rijk zijn dat ze water in flessen kopen terwijl het gratis uit de kraan komt? Wij zullen ons dat waarschijnlijk nooit kunnen permitteren, maar onze kinderen misschien wel. Daarom zijn we toch naar Duitsland gekomen!' Ze aait over mijn hoofd: 'Heb jij geen geluk? We zijn pas twee weken in Duitsland en je hebt al echt gekocht water met koolzuur gedronken.'

Ik houd het nijlpaard stevig vast. Natuurlijk, ik ben een geluksvogel.

# 6

'Probeer het gewoon eens met mediteren,' zegt mijn broer.
Deze zin heb ik de laatste tijd vaak van hem gehoord. Verder biedt hij aan me een hindoeïstische mantra te leren, die me moet helpen bij het oplossen van mijn problemen. Jan is overtuigd atheïst en heeft zich achter zijn computer verschanst toen het woord boeddhisme voor het eerst viel. Ik blijf zitten, omdat Andrej mijn broer is.
'Hoe moet meditatie me helpen bij het vinden van een baan?' vraag ik, en ik neem een slokje wijn. We hebben gehaktballen met aardappelsalade gegeten en ik drink de fles rode wijn leeg die we bij het eten hebben opengetrokken. Met rode wijn kan ik zowel de enorme hoeveelheid gehaktballen, die ondanks onze enorme eetlust is overgebleven, als het boeddhisme aan.
'Omdat je door meditatie bij je kern komt en alles je dan gemakkelijker valt. Als je met jezelf in harmonie bent, vind je een baan en los je al je andere problemen ook op. Omdat je vaststelt dat je geen echte problemen hebt. Misschien wil je dan helemaal geen baan meer.'
Ik denk erover na. Het liefst zou ik in harmonie zijn met het negatieve saldo op mijn bankrekening. Ik wil niet zo bij mijn kern komen dat ik vergeet hoe dringend ik werk nodig heb, en vooral het geld dat daarvoor wordt betaald.
'Ik zal het eens met meditatie proberen,' zeg ik om eindelijk van onderwerp te kunnen veranderen.
'Zullen we meteen beginnen? We kunnen samen mediteren,' biedt Andrej enthousiast aan.

Mijn broer is geen echte boeddhist. Net zomin als hij een echte orthodoxe jood was. Of een joodse christen. Of een filosoof. Of een ontwikkelingswerker. Hij is gewoon een immigrant die op zoek is naar een spirituele bakermat. Maar dat dieptepsychologische inzicht hou ik voor me.

'Ik denk dat ik te moe ben om te mediteren,' zeg ik in plaats daarvan. 'Maar ik zal het morgen doen, beloofd.'

'Je hoeft me helemaal niets te beloven. Het gaat niet om mij, maar om jou. Om jou en je problemen, die je jezelf aanpraat.'

Alles goed en wel, maar het gebrek aan geld op mijn bankrekening is helaas behoorlijk reëel.

Ik was een kind van elf toen ik naar Duitsland kwam, en Rusland is een verre herinnering. Als een avontuurlijke vakantie uit mijn jeugd. Mijn Russisch is doorspekt met allerlei Duitse termen, en als ik de dagelijkse telefoontjes van mijn moeder niet had, zou ik de taal nog sneller vergeten. Mijn broer was achttien toen we emigreerden en hij heeft volgens mij een quotumvluchtelingencomplex.

In zijn derde jaar in Duitsland heeft hij zijn joodsheid ontdekt. Hij scheidde melk- en vleesproducten bij het eten, ging elke week naar de synagoge, leerde Hebreeuws op de universiteit en vloog voor een hele zomer naar Israël, waar hij in een kibboets werkte en de heiligheid van het land absorbeerde. Hij kwam terug met een baard, mijn ouders waren al bang dat hij definitief orthodox was geworden, maar het bleek dat hij in de kibboets gewoon een weddenschap had verloren, waarbij de inzet het laten groeien van een lange baard was geweest. Mijn oma schudde haar hoofd en kreunde: 'Ojojoj, zo vindt hij nooit een vrouw.'

Ongeveer op hetzelfde tijdstip dat het bruine kleurtje dat hij aan Israël had overgehouden was verdwenen, was zijn godsdienstigheid ook voorbij. In plaats daarvan kreeg hij een vriendin die filosofie studeerde, maar die zich nooit aan die 'kapitalistische klote-universiteit' vertoonde, in elke tweede zin Hegel of Nietzsche citeerde, in een kraakpand woonde en ons, net als haar eigen familie, bekrompen vond. Mijn broer las *Also sprach Zarathustra* meerdere keren achter elkaar, nam deel aan de nachtelijke, door veel joints en sigaretten begeleide filosofiediscussies van haar medebewoners, en leerde gitaar spelen. In dat kwartaal heeft hij geen enkel tentamen aan de universiteit gemaakt. Mijn oma kreunde in het Jiddisch: 'Ojojoj, met deze vrouw krijgt hij nooit kinderen!'

Toen hij in de vakantie thuiskwam – deze keer met afgrijselijk lange haren – stelden mijn ouders hem voor aan Julia. Julia was eveneens een Russische emigrante, was afkomstig uit Moskou, was uitzonderlijk mooi en kreeg mijn broer zover dat hij de rest van zijn vakantie thuis doorbracht en zijn filosoferende vriendin vergat. Mijn ouders waren gelukkig: wat een lieve, mooie en ook nog joodse vriendin had die jongen gevonden, bovendien sprak ze Russisch, en eindelijk bleef hij wat langer bij zijn familie dan een paar dagen, zo hoorde het tenslotte ook. Tot bleek dat Julia in Jezus geloofde. Daar is in principe niets op tegen, behalve als je joods bent. Julia maakte deel uit van een Russisch-joodse gemeente, waar ze het *Nieuwe Testament* hadden ontdekt, dat ze ijverig aan de Russische nieuwe immigranten in de vluchtelingenkampen verkondigden. Mijn broer ging met haar naar joods-christelijke kerkdiensten, die net als de joodse kerkdiensten op vrijdagavond werden gehouden, maar waar de liefde van Jezus werd gepredikt, en mijn oma vroeg ons telkens hoofdschuddend: 'Maar ze is toch een joodse, hoe kan ze in Jezus geloven? Wat doet ze toch met onze Andrjuscha?'

Na een tijdje keerde mijn broer naar zijn studie in Berlijn terug, Julia bleef bij haar christenen in Stuttgart en er kwam een eind aan hun relatie. Daarmee was ook de christelijkheid van mijn broer voorbij. Hij bleef nog een paar jaar in zijn Nietzsche bladeren, ging naar feestjes, spijbelde van colleges en leidde een normaal studentenleven. Toen viel hem plotseling op dat we in een welvaartsmaatschappij leefden terwijl er in Afrika kleine kinderen verhongerden, en hij sloot zich aan bij een ontwikkelingshulporganisatie die in Zuid-Afrika scholen bouwde. Hij deelde mijn familie pas vijf dagen voor vertrek mee dat hij een jaar lang op een ander continent zou doorbrengen, en mijn moeder barstte in tranen uit. Wat had ze toch fout gedaan, wat moest die arme ziel daar eten, in Afrika, waarom, waarom trof dat lot alleen haar? Ze belde met mijn tante in Amerika, die psychiater is en een paar keer zuchtte, maar mijn moeder daarna uitlegde dat mijn broer waarschijnlijk aan een emigrantensyndroom leed. Hij zocht een spirituele bakermat, omdat hij op een gegeven moment plotseling uit zijn vertrouwde omgeving was gehaald. In Amerika sloten opvallend veel Russische immigranten zich aan bij de scientologykerk, vertelde ze. Mijn moeder was geenszins gerustgesteld. Mijn oma gaf als commentaar: 'Zolang hij daar maar niet trouwt en er blijft wonen.'

Andrej kwam voortijdig, al na negen maanden, uit Zuid-Afrika terug, precies op tijd voor het begin van het nieuwe kwartaal, en besloot af te studeren, alsof hij nooit was weggeweest.

En nu is het gewoon het boeddhisme. Hij heeft wierook en een boeddhabeeldje voor me meegenomen.

'Ik moet in de juiste stemming zijn om te mediteren en dat ben ik nu niet,' vertel ik hem nog een keer.

'Zoals je wilt, ik wilde je alleen helpen,' antwoordt hij schouderophalend. Eén ding moet ik het boeddhisme nageven, sinds mijn broer zich daarmee bezighoudt, is hij veel relaxter geworden. Hij verdraait niet eens zijn ogen als mijn moeder deze avond voor de derde keer belt. Ze wil alleen welterusten zeggen. En ons vertellen dat ze blij is dat haar kinderen een avond met elkaar doorbrengen.

Mijn moeder heeft, zoals gezegd, een zeer uitgesproken familiegevoel, en haar wensdroom is een groot huis waarin we allemaal samen wonen, samen eten, samen televisiekijken en open over al onze gedachten en problemen praten.

Als de telefoon voor de derde keer is overgegaan, kijkt Jan uit zijn kamer en roept tegen ons: 'Was dat alweer je moeder?'

'Ja,' roep ik terug. Ik schenk het laatste restje uit de fles. De wijn maakt me moe en is bijna net zo kalmerend als het boeddhisme voor mijn broer, zelfs de telefoontjes van mijn moeder storen me niet.

'Misschien moet ze gewoon een tijdrovende hobby zoeken,' zegt Jan, die de keuken in komt. Hij legt zijn armen van achteren op mijn schouders en steunt met zijn kin op mijn hoofd.

'Wij zijn haar hobby,' zeg ik tegen hem.

'Ja, omdat ze geen andere heeft,' zegt Jan en hij pakt het wijnglas uit mijn hand om het leeg te drinken. 'We geven haar een zijdeschilderpakket voor haar volgende verjaardag.'

'Dat zal niet helpen,' zegt mijn broer.

'Hoe weten jullie dat zo zeker? Laten we het gewoon proberen,' antwoordt Jan.

'We hebben het al geprobeerd, met alle mogelijke hobby's,' zeg ik tegen hem. We hebben haar tegoedbonnen gegeven voor cursussen aan de volksuniversiteit, yoga, een cursus Engels op cd-rom en theaterabonnementen.

'Maar ze heeft nog nooit een zijdeschilderpakket van jullie gekregen. Het zou kunnen werken,' probeert Jan nog een keer.

Ik stel me voor hoe mijn moeder met een zijden doek, die op een vierkant, houten raamwerk is gespannen, en veel potjes zijdeverf aan de keukentafel zit en voorzichtig de stengel van een bloem met slakleurig lichtgroen inkleurt. De telefoon gaat, maar ze heeft geen tijd, ze moet aan haar bloem werken. Het idee is zo belachelijk dat ik begin te lachen.

'Wat is er?' vraagt mijn broer.

'Niets, ik stelde me alleen voor dat mama een zijden doek aan het beschilderen is,' antwoord ik.

Jan en Andrej zwijgen even, waarschijnlijk zien ze mijn schilderende moeder voor zich.

'Het is in elk geval een grappig idee,' zegt Jan.

'Ze kan het misschien toch beter met mediteren proberen,' zegt mijn broer. 'Ik zal het haar eens voorstellen.'

# 7

'Je kunt toch wel een keer tien minuten in een rij staan?'
zegt Lara niet-begrijpend als ik op een zaterdagochtend
weiger om met haar bij H&M te winkelen en zowel voor
de pashokjes als de kassa in de rij te gaan staan.

'Ik heb al zo vaak in rijen gestaan, dat is voldoende voor
de rest van mijn leven,' zeg ik tegen haar, maar ze haalt
haar schouders op, ze snapt het niet en is teleurgesteld.

Er zijn begrippen en zinnen die niet vertaald kunnen worden. Die onvertaalbare woorden zijn bepalend
voor het Russische levensgevoel, denk ik, maar meestal
hou ik deze gedachten voor me om niet arrogant te klinken.

'Ga jij in de rij staan?' is zo'n onvertaalbare zin. Ik over-
weeg om het aan Lara uit te leggen, die wrevelig voor me
uit naar de lunchroom sjokt. Ik trakteer op een kop koffie
als schadeloosstelling voor het feit dat we niet bij H&M
zijn geweest. Ik doe het niet, omdat ze dan waarschijnlijk
zegt: 'Zie je wel, het kan toch vertaald worden.' En ik kan
haar niet goed uitleggen wat deze vraag betekent voor
iemand die in het Sint Petersburg van de jaren tachtig
heeft gewoond.

Boodschappen doen was een verschrikking.

'We hebben brood nodig,' zegt mijn moeder. Ik doe net
alsof ik haar niet heb gehoord, ik ben bereid om alles te
doen, het hele huis opruimen, de afwas doen en helpen
met wassen, maar alsjeblieft, alsjeblieft, laat me geen
boodschappen doen.

'Ga jij in de rij staan?' vraagt mijn moeder, die op haar

beurt net doet alsof ze mijn plotselinge ingespannen zwijgen niet merkt.

Ik ga dus op pad. Brood kopen is geen eenvoudige zaak, boodschappen doen in het algemeen niet. De eerste twee supermarkten waar ik langskom zullen geen brood hebben, waarschijnlijk zijn de meeste stellingen leeg, alleen lucifers en zeep zijn er in elk geval, lucifers en zeep werden in Rusland om onbegrijpelijke redenen altijd voldoende geproduceerd. In de derde supermarkt is er, als ik geluk heb, brood, maar dat weet ik niet zeker. Ik moet gewoon in de rij gaan staan en hopen dat er brood is. Supermarkten, waarvan de stellingen, in elk geval één ervan, niet leeg zijn, herken je van verre. Er staat een mensenmenigte voor, groot, onrustig, luidruchtig. Vermoeide mensen met veel tassen in hun hand wachten ongeduldig, ruziën misschien bij voorbaat, hoewel ze niet eens weten wat er in de supermarkt te koop is.

In dit verband bestaat er nog een onvertaalbare vraag: 'Wat verkopen ze hier?' Een van de eerste regels die we leren is: als je een rij ziet, ga er dan achter staan. Daarna vraag je wat er te koop is. 'Wat verkopen ze hier?' klinkt het in zo'n gejaagde groep mensen overal, en meestal weet niemand het precies. Maar er zijn veel geruchten, die door de rij naar achteren en weer terug worden doorgegeven, waardoor ze net als bij het spelletje 'stille post' veranderen. Misschien is het brood, misschien fruit. Iedereen sluit gewoon aan en hoopt dat het iets is wat ze kunnen gebruiken. In de buurt van een supermarkt niet ver van ons huis is een mooie speelplaats, maar wij kinderen gaan er niet vaak naartoe. 'Waarom spelen jullie daar niet?' vragen onze ouders, die blij zijn met hun boodschappers, die klaar moeten staan om elke beweging bij de supermarkt te melden, maar we hebben geen zin om onze middagen in een rij door te brengen. Korter dan een uur duurt het nooit. Als we geluk hebben, naderen we langzaam de ingang van de supermarkt, en daar loten we. Een van ons mag naar huis rennen om verslag uit te brengen: 'Mama, we zijn nog maar drie meter van de winkeldeur verwijderd. Er zijn misschien kippen, misschien zijn ze ook al weg, maar er is in elk geval boter. Julija en Katja en Igor staan er trouwens ook.' De moeder heeft nu de taak om de moeders van Julija en Katja en Igor te bellen om de informatie door te geven. Tegelijkertijd belt ze ook nog een paar kennissen om met hen te beraadslagen of en wanneer het de moeite loont om ons van de kwelling van het wachten te verlossen. Want het eigenlijke gevecht begint pas in de supermarkt, het gevecht om de kippen en de boter, het gevecht waarbij veel scheldwoorden vallen en veel kippen uit elkaar worden getrokken, het gevecht waarvoor we vanwege onze geringe lengte gelukkig minder geschikt zijn dan onze volwassen en in het communisme meer ervaren ouders.

'Kun je brood halen? Ga jij in de rij staan?' vraagt mijn moeder en dat betekent dat ik urenlang heen en weer word geduwd, als kind heb je het niet gemakkelijk in een rij, om dan misschien vast te stellen dat er in deze supermarkt helemaal geen brood is. Ik moet dus naar de volgende en daar opnieuw in de rij gaan staan. Ik weet zeker dat mijn ouders me alleen wilden omdat één kind niet voldoende was om voor ze in de rij te staan.

Ik vertel het Lara toch, bij een kop koffie in een van de nieuwe koffiebarretjes, een heerlijke latte macchiato, die weliswaar een vermogen kost, maar we hoeven er niet voor in de rij te staan.

'Ik kan me niet eens voorstellen hoe dat geweest moet zijn,' zegt Lara, en ik bedenk dat ik het me ook niet meer kan voorstellen, nu, jaren later. Alleen dat mijn ongedurigheid misschien komt doordat ik in mijn jeugd te vaak in de rij heb gestaan.

'Heb je nog meer van zulke verhalen in voorraad?'

vraagt Lara, die plotseling helemaal niet chagrijnig meer is.

'Verhalen over in de rij staan, bedoel je?'

De drie maanden durende zomervakantie in Rusland bracht ik met mijn grootouders in de datsja door. De datsja was een groot stuk grond met een klein, houten huis, op een afstand van ongeveer een uur met de trein van Sint Petersburg, en absoluut een paradijs voor kinderen. Kilometers ver was er niets dan andere datsja's, in elke datsja waren andere grootouders met kinderen, een hele zomer lang veel kinderen om mee te spelen en bos en een meer en zon. 's Ochtends vroeg klom ik uit het raam, zo stil dat mijn oma, die altijd taken voor me had, zoals appels rapen en aardbeibedden besproeien, het niet hoorde, maakte Asta los, haalde mijn vrienden op, die zich net zo stiekem aan de taken van hun grootouders onttrokken, en deed de hele dag niets anders dan in het bos spelen, paddenstoelen zoeken en die later bij een kampvuur voor het avondeten grillen, verse, in het bos geplukte bosbessen en bramen eten, hutten bouwen, zwemmen, vissen, fietsen en tussendoor mijn oma negeren, die me voor het middageten riep. In het weekend kwamen mijn ouders uit Sint Petersburg, de weekenden waren vermoeiend, want dan moest ik naar mijn ouders luisteren en thuis eten, in de weekenden moest ik in de tuin helpen, in de weekenden gingen mijn ouders mee naar het meer en riepen: 'Zwem niet te ver.' In de weekenden vroegen mijn ouders aan mijn grootouders of ik in de tuin had geholpen, maar mijn grootouders verraadden me nooit, ze zeiden altijd 'ja' en later, als we mijn ouders op zondag naar de trein hadden gebracht, zeiden ze tegen mij: 'Maar de volgende week pikken we dat niet meer! Dan help je mee!'

In de datsja leefden we van groente uit de tuin, gebakken paddenstoelen die ik in het bos verzamelde, boven een kampvuur gegrilde vis die mijn broer had gevangen en de spullen die mijn ouders elke week vanuit Sint Petersburg in de trein meesleepten. Niet dat er geen mogelijkheid was om boodschappen te doen. Er was een winkel waarin je altijd lucifers en soms meel en beschuit kon kopen. En melk. Op dinsdag was er melk.

Op dinsdag kwam er een grote melkwagen aanrijden, officieel kwam hij om negen uur, maar voor twaalf uur was hij er zelden. Soms kwam hij ook helemaal niet. Soms was de melk als hij verkocht werd al zuur, dan legden we thuis broodkorsten in de melkkannen en wachtten tot de melk in kefir was veranderd.

De winkel was klein, de rij stond natuurlijk buiten, in de brandende hitte. Iedereen wilde melk, een basisproduct en alleen op dinsdag te krijgen. Op z'n laatst om zes uur 's ochtends stuurde mijn oma me op pad. De eerste uren waren meestal niet erg. De zon brandde nog niet, de meeste grootouders waren nog thuis en de rij bestond bijna alleen uit kinderen, die kaartspelletjes deden en belangrijke problemen bespraken: waar zijn dit jaar de beste paddenstoelen te vinden? Waar kun je het best zwemmen? Waarom vind je me niet aardig? Heb je de nieuwe fiets van Kostja al gezien? Tegen negenen werden de eerste kinderen door hun grootouders afgelost, en omdat zij de betekenis van melk in het huishouden meer op waarde schatten dan wij, maakten ze van de rij een serieuze aangelegenheid. Plotseling moest je erop letten dat er niemand voordrong, soms moest je echt vechten. Af en toe waren er twee rijen: in de eerste ging je staan om een nummertje te trekken, in de tweede nam je overeenkomstig je nummer plaats voor de melk. Mijn grootouders hadden vertrouwen in me en veel werk in de tuin, mijn opa loste me altijd pas heel laat af. Als hij kwam en ik heel ver achterin stond, trok hij een bezorgd gezicht, er was nooit voldoende melk voor iedereen en mijn kansen op een rol biscuit bij wijze van beloning verslechterden.

Ik ben acht jaar, en aan het begin van de zomer verkondigt mijn oma in een preekachtige toespraak dat ik nu oud genoeg ben om zelf melk te kopen, ik zou niet meer afgelost worden en heb toestemming, en zelfs de plicht, om in het rijengevecht alle middelen in de strijd te gooien. Zoveel verantwoordelijkheid wil ik helemaal niet, ik wil veel liever luieren en met mooi weer mijn duiksprong vanaf de rotsen oefenen. De winkel ligt op een paar kilometer afstand en ik ga zoals altijd op de fiets. Aan elke kant van het stuur hangt een melkkan. Mijn oma drukt me op het hart om de fiets op de terugweg te duwen, zodat ik geen melk mors. Stel je voor dat ik helemaal geen melk krijg, denk ik, maar dat zeg ik niet hardop, want ik ben toch een beetje trots dat ik zoveel verantwoordelijkheid krijg, en wie weet, misschien verlossen de twee volle kannen melk me wel van het dagelijkse halfuur onkruid wieden.

Het is heel heet, veel te heet voor juni, op mijn eerste verantwoordelijke dinsdag, en ik ben zo opgewonden dat ik niet eens met mijn vrienden kaart. Daarom heb ik genoeg tijd om de geplooide, vlezige nek van de dikke vrouw voor me uitvoerig te bestuderen. Omdat het zo heet is en mijn opwinding door de verveling flink toeneemt, omdat ik niets te drinken heb, omdat de melkwagen vandaag pas om halfdrie komt en omdat ik honger heb, maar niet net als de andere kinderen snel naar huis durf te fietsen om iets te eten, krijg ik hoofdpijn. Stoïcijns blijf ik in de rij staan, ik vecht met alle middelen en kom als overwinnaar uit de strijd. Ik heb twee kannen melk.

Omdat ik hoofdpijn heb en alleen nog naar bed wil, alleen nog naar bed om te slapen, de hoofdpijn wegslapen, zou ik het liefst op mijn fiets stappen om zo snel mogelijk thuis te zijn. De verleiding is groot om in elk geval de helft te fietsen, mijn oma zou het niet merken en ik kan goed fietsen, ik zal vast niets morsen, maar ik bied weerstand. Ik heb twee kannen melk bevochten en ik zal mijn fiets duwen, want ik ben al acht jaar en draag verantwoordelijkheid.

Lang voordat ik onze datsja bereik, hoor ik Asta blaffen, ze voelt dat ik eraan kom en is blij. Ze vindt de dinsdagen net zo vervelend als ik. Op andere dagen heeft die arme stadshond in de zomer de hele dag haar vrijheid, ze speelt met ons in het bos en in het water en 's avonds is ze net zo moe als ik. Maar mijn oma heeft wel iets beters te doen dan op haar te letten, en legt haar op dinsdag vast aan de tafeltennistafel die mijn vader voor ons heeft gemaakt.

'Ik heb de melk,' roep ik al van verre tegen mijn oma. Ze is net aardbeien aan het plukken en ze zwaait, ik geloof dat ze een beetje trots is. Omdat Asta zo hard blaft en aan de lijn trekt, loopt mijn oma naar de tafeltennistafel en maakt haar los. Asta, die altijd blij is als ze me ziet, stuift ervandoor. Ze rent me tegemoet, mijn fantastische, trouwe, liefhebbende hond is na een saaie dag in de hete zon heel erg blij om me te zien.

Ik weet niet wie van ons tweeën de schuldige is. Misschien ben ik door de zware hoofdpijn zo krachteloos dat ik de fiets laat vallen. Misschien gooit Asta me om. In elk geval liggen de kannen, mijn fiets en ik een paar seconden later in een plas melk, een grote plas melk. Asta draait enthousiast rondjes om me heen, probeert mijn gezicht te likken en zwaait vrolijk met haar staart.

De week daarna zegt mijn oma dat ik nog niet oud genoeg ben om zelf melk te halen, ze zal me later aflossen, en ik word woedend, ik heb haar niet gevraagd de hond los te laten, maar we zaten een week lang zonder melk en dat was mijn schuld.

# 8

Eigenlijk is het goed. Het is goed dat onze ouders ons hebben bijgebracht hoe belangrijk rijen zijn om in Sint Petersburg te overleven. Het is goed dat we geoefend hebben in aansluiten, dat we geduldig kunnen wachten. Het is goed dat we het meedogenloze rijengevecht tot in de puntjes beheersen. Anders waren we nu niet in Duitsland.

Mijn broer gaat met een vriend naar de bioscoop, het is 1991 en inmiddels zijn er af en toe zelfs Amerikaanse films te zien. *Flight of the Navigator* uit 1986 is dit jaar een grote hit bij ons. Op weg naar de bioscoop zien de jongens een rij. Ze gaan erachter staan, ze zijn in de puberteit en hebben lange haren als teken van hun rebellie, maar het zijn plichtsgetrouwe zoons. De rij staat voor de Duitse ambassade, het is een uitzonderlijk lange rij en niemand weet deze keer waarom iedereen staat te wachten, er zijn niet eens geruchten in omloop. Er heeft nog nooit een rij bij de Duitse ambassade gestaan. Als ze aan de beurt zijn, moet mijn broer een nummertje trekken. Hij heeft 114, maar omdat hij niet weet wat dat te betekenen heeft en omdat de film bijna begint, stopt hij het nummertje in zijn jaszak en vergeet het. Hij is zeventien.

Twee weken later rolt mijn moeder onze wasmachine vanuit de gang, waar hij anders altijd staat, naar de badkamer. De wasmachine is een meter lang, een halve meter breed en een meter hoog, een centrifugeerfunctie heeft hij niet. Als hij in de badkamer tussen de muur en de badkuip staat, kunnen we niet meer bij de wasbak. Om de week is het grote wasdag. Mijn moeder wil de jas van mijn broer ook in de machine stoppen. Eerst haalt ze de zakken leeg, waarin altijd verkreukelde briefjes en kauwgomwikkels zitten. Ze ziet vluchtig Latijnse letters op een briefje, heel toevallig heeft ze extra aandacht voor '114'. Er staat een stempel op van het Duitse consulaat en mijn moeder informeert verbaasd wat de betekenis van dat nummer is.

Het blijkt dat Duitsland een beperkt aantal Russische joden wil opnemen, in het Duitse consulaat zijn uitreisformulieren verkrijgbaar. Als je zo'n formulier wilt hebben, moet je een nummer trekken. Hoe lager het nummer, des te sneller je een aanvraagformulier en dienovereenkomstig een uitreisvergunning krijgt. Drieduizend mensen hebben al een nummer getrokken, de Duitse ambassade geeft hoogstens vijftig vergunningen per week af, 114 is dus erg laag. Mijn broer is een geluksvogel. 114 is ons geluksnummer. Een halfjaar later zitten we in de trein van Sint Petersburg naar Berlijn.

# 9

Als ik zou moeten zeggen wat het is, zou ik de stilte zeggen. De stilte onderscheidt mijn familie en mij van de anderen. De stilte die ontbreekt. De ontbrekende stilte, dus eigenlijk het geluid, het lawaai. Maar stilte klinkt beter dan lawaai, dramatischer, belangrijker en op de een of andere manier romantischer. Bij ons thuis ontbreekt de stilte. In de metro sist Jan altijd tegen me dat ik te hard praat. Soms fluistert hij heel lief in mijn oor: 'Niet iedereen in de wagon hoeft het te horen.' Hij vindt het pijnlijk, hij wil de aandacht van de andere passagiers niet trekken, en dat wil ik eigenlijk ook niet, maar ik vind aan de andere kant niet dat ik erg hard praat. Zodra we bij mijn familie op visite zijn vindt Jan dat ook niet meer. Dan slaat hij zijn armen om me heen en geeft toe dat ik stil ben en zachtjes en weinig praat. In vergelijking in elk geval. In vergelijking met mijn ouderlijk huis, waar iedereen tegelijk praat, hard, om de anderen te overstemmen, waar serviesgoed luid klettert, waar deuren niet alleen uit woede dichtslaan, mijn ouderlijk huis, waarin de stilte ontbreekt.

Ik moet aan deze stilte denken, aan deze ontbrekende stilte, als we in de auto van Jans ouders zitten, die ons naar het station brengen. We zijn op weg naar mijn familie, die dodelijk beledigd zou zijn (en dat ook duidelijk kenbaar had gemaakt) als we hen in de paar vrije dagen die we hebben, niet zouden bezoeken. Dus hebben we twee dagen bij Jans ouders doorgebracht (die beslist teleurgesteld waren dat we maar zo kort zijn geweest, maar die daar geen woord over hebben gezegd) en gaan nu op weg naar mijn familie.

Het is stil in de auto, niemand zegt iets, ik vind dat beangstigend en grappig tegelijk. Beangstigend, maar ook fijn. Fijne stilte. We zitten al twintig minuten in de auto, omdat Jans ouders zo vriendelijk zijn om ons naar het station in Frankfurt te brengen, ze willen in Frankfurt uit eten gaan, en tot nu toe houdt de stilte aan. Jans vader heeft ons één keer op een groot bouwterrein opmerkzaam gemaakt en Jan heeft gevraagd wat daar werd gebouwd, maar verder is het stil. Zo stil is het bij ons alleen als iedereen ruzie met elkaar heeft, maar ook dan duurt de stilte slechts een paar minuten, daarna worden de meningsverschillen weer op volle sterkte uitgevochten.

Bij het station parkeert Jans vader de auto in de parkeergarage en we pakken onze reistassen.

'Kom, ik neem je tas,' zegt Jans vader.

'Bedankt,' antwoord ik. Stilte. Langzamerhand krijg ik de dringende behoefte ertegen te vechten.

'Was die Aziatische snackbar er bij ons vorige bezoek ook al?' vraag ik aan Jans moeder, terwijl ik naar een zaak wijs waarvan ik heel goed weet dat hij al een jaar open is.

'Ja, die is er ongeveer een jaar, nietwaar, Manfred?' antwoordt ze en ze kijkt vragend naar haar man.

'Ja, zoiets. Ze zijn vorige zomer opengegaan, geloof ik.'

Stilte. Ik probeer het nog een keer: 'We zijn precies op tijd, dat is heel goed getimed.'

Niemand geeft antwoord. Alleen Jan geeft me een por en knipoogt naar me. 'Weet je, je hoeft niet altijd te praten. We hebben de afgelopen dagen al heel veel gepraat,' fluistert hij snel in mijn oor als we bij de kaartjesautomaat op onze vervoersbewijzen wachten en zijn ouders de dienstregeling bestuderen. Hij knipoogt nog een keer naar me: 'Tenminste, wat wij praten noemen.

We hebben natuurlijk niet Russisch gepraat, maar we hebben toch gepraat.' Russisch praten is hard praten, door elkaar.

Op het perron omhelzen we elkaar en Jans moeder zegt dat het zo fijn is dat we zijn geweest. Jan zegt dat hij volgende week belt, als we weer in München zijn. Jans vader wenst ons een goede reis en zegt dat ik de groeten aan mijn familie moet doen. Ze lachen alle drie tevreden en vriendelijk en ik zeg tegen mezelf dat ze van elkaar houden, ook al zeggen ze dat op dit moment niet tegen elkaar, ook al zeggen ze het eigenlijk nooit tegen elkaar, ook al huilt niemand bij het afscheid, ik zeg tegen mezelf dat Jans ouders me heel graag mogen, ook al hebben ze dat nooit met zoveel woorden tegen me gezegd. Ik zeg tegen mezelf dat deze stilte goed is.

'Ben je verdrietig omdat we niet tegen elkaar hebben gezegd hoeveel we van elkaar houden?' zegt Jan plagerig als we in de trein zitten. 'Denk je nu dat we geen echte familie zijn?'

Hij pest me, we hebben dit gesprek al vaker gevoerd. 'Nee, het is alleen … de hele autorit lang heeft niemand iets gezegd.'

'Ja, en dat is toch goed? We hebben de laatste dagen veel gepraat, waarom zou je in het wilde weg voortdurend moeten praten?'

'Maar zoveel hebben we toch niet gepraat? Gisteren bij het eten werd er ook nauwelijks iets gezegd. En toen we gingen wandelen …'

Jan lacht en pakt mijn handen in de zijne. 'Weet je, Anjetschka, als niet iedereen tegelijkertijd door elkaar roept, wil dat niet zeggen dat je niet praat.'

'Bij ons wel,' zeg ik. Wij zijn anders. Ik heb een vriendin die uit Kroatië komt, in haar familie ontbreekt de stilte ook.

'Maak je geen zorgen,' zegt Jan en hij kijkt op zijn horloge. 'Over ongeveer drie uur zul je je eraan ergeren dat je ouders zo luidruchtig zijn.'

Jan wekt me vijf minuten voordat we Ludwigsburg bereiken. Dat is goed, anders was ik veel te opgewonden geweest. Ik ben altijd een beetje opgewonden als ik bijna thuis ben. Blij opgewonden, maar ook een beetje gespannen. 'Ik heb geen honger,' zegt Jan. 'Jammer dan. Je zult moeten eten. Heel veel zelfs.' Ik denk aan het menu van minstens vijf gangen dat mijn familie heeft voorbereid.

Nog voordat de trein stilstaat, zie ik mijn moeder opgewonden heen en weer lopen en wild met haar armen zwaaien. Ik herken haar al als we het station binnenrijden, omdat ze de enige is die over het perron heen en weer loopt en al zwaait voordat de trein stilstaat. Ze vliegt, met tranen in haar ogen, eerst mij en dan Jan om de hals. 'Fijn dat u er bent,' zegt ze. Het klinkt alsof we van het front terugkomen. Mijn ouders spreken heel goed Duits, maar omdat in Rusland 'jullie' en 'u' hetzelfde woord is, zijn ze er niet vanaf te brengen om meerdere personen met 'u' aan te spreken.

'Kom snel, papa wacht op de parkeerplaats, straks komt de politie,' zegt mijn moeder. Voor het station is eigenlijk geen parkeerplaats, mijn vader parkeert altijd bij een stopverbod en wordt heel ongeduldig als we ons niet haasten. Hij heeft pas op zijn vijftigste in Duitsland leren autorijden, heeft zijn rijbewijs pas na meerdere pogingen gehaald en haat het om achter het stuur te zitten. Mijn moeder zegt dat niemand in Duitsland lopend boodschappen doet, en dus moet hij soms rijden, met tegenzin. Hij rijdt haar naar de winkels, haalt gasten van het station en kent de weg naar het park, waar mijn ouders graag wandelen. Voor elke rit vertelt hij mijn moeder dat het milieuvriendelijker en gezonder zou zijn om te lopen of de bus te nemen. Achter het stuur is hij altijd gestrest en hij rijdt zo langzaam dat er overal om hem heen wordt getoeterd, waarop hij luidkeels zijn beklag doet over al die 'voortjakkerende' automobilisten.

Mijn vader staat bij de auto en weet zeker dat de politie zo meteen komt. Hij is er elke keer van overtuigd dat hij bij het stopverbod wordt betrapt, terwijl dat nog nooit is gebeurd. 'Kijk, ze zijn er,' verkondigt mijn moeder al van verre.

'Vlug, ik mag hier niet staan,' antwoordt mijn vader, hij loopt haastig naar ons toe, omhelst ons, pakt onze tassen aan, alles heel snel, gestrest. Het liefst zou ik de sleutel uit zijn hand pakken en zelf rijden, zodat hij niet meer zo gespannen is, maar ik weet uit ervaring dat hij dan beledigd reageert. Dochters kunnen niet beter autorijden dan vaders, daarvan is hij stellig overtuigd.

'Hebt u honger?' vraagt mijn moeder, zodra we in de auto zitten.

'Goede reis gehad?' vraagt mijn vader.

'Hoe lang hebt u erover gedaan?' vraagt mijn moeder zonder het antwoord op de eerste vraag af te wachten.

'Hoe gaat het met je familie, Jan?' vraagt mijn vader.

'Wat is hier gebeurd?' vraag ik als we langs mijn oude dansschool rijden, waar nu een bowlingbord hangt.

'Was je zus ook thuis?' vraagt mijn moeder aan Jan.

'We hebben er ongeveer drieënhalf uur over gedaan,' zegt Jan.

'Sinds wanneer is de dansschool geen dansschool meer?' vraag ik nog een keer.

'Naast je oude school is nu een speelplaats,' antwoordt mijn vader weliswaar niet rechtstreeks op mijn vraag, maar het past in elk geval bij het gespreksonderwerp.

'Heb je eigenlijk nog contact met je vroegere schoolvriendinnen?' vraagt mijn moeder, die het woord 'school' oppikt.

'Jan, ik heb speciaal voor jou Russische *soljanka* gekookt, dat vind je toch zo lekker?' zegt mijn vader.

Ik kijk op mijn horloge. Onze trein is zes minuten geleden het station binnengereden. Ik mis de stilte.

# 10

Thuis draag ik een oude wit-groen geruite, al jarenlang veel te korte, flanellen pyjama. Mijn eigenlijk niet in mode geïnteresseerde vader moppert altijd dat de pyjama zo afgedragen en lelijk is, dat zijn ogen pijn doen als hij ernaar kijkt. Hij dreigt hem weg te gooien of te verbranden. Waarop ik dreig om in dat geval niet meer thuis te komen. Waarop mijn heel emotionele moeder met tranen in haar ogen op mijn vader moppert, haar kinderen mogen alles doen en dragen wat ze willen als ze eindelijk eens een keer op bezoek zijn. Waarop mijn oma me omhelst en tegen me zegt dat ik altijd mooi ben en dat zij ook altijd een schoonheid is geweest, wat op dit moment eigenlijk een beetje misplaatst is, maar wat niet uitmaakt, omdat ze al zevenentachtig is. Waarop mijn broer zijn ogen verdraait en de flauwe grap maakt dat het begrip schoonheid nog gedefinieerd moet worden. Waarop Jan, die er geen woord van heeft verstaan omdat het gesprek in het Russisch heeft plaatsgevonden, mij vragend aankijkt en zoals altijd niet zeker weet of we ruziemaken of dat het onze manier van liefde tonen is. Waarop ik weer besef dat alles zoals altijd is en dat ik weer thuis ben. Ik pak de flanellen pyjama uit de kast en trek hem aan zodra ik bij mijn ouders kom, ik draag hem de hele dag. De pyjama is 'thuis' en heel belangrijk, omdat op de plek waar vroeger de spaarbank was nu een Duitse bank is, omdat er geen döner met rijst meer te krijgen is op het station, omdat *Pappasito's* plotseling *Grünschnabel* heet en zelfs mijn oude schoolplein wordt verbouwd.

Ludwigsburg, de stad waar ik ben opgegroeid, is op de een of andere manier niet meer van mij, en thuis, dat is nu een pyjama.

Mijn familie heeft gekookt. Mijn vader heeft soljanka gemaakt voor Jan, die deze vette soep lekker vindt. Mijn oma heeft mijn favoriete aardappelsalade voor me gemaakt. Mijn moeder, die heel bezorgd was dat mijn broer zich achtergesteld zou voelen, heeft steaks voor hem gebakken, die hij weliswaar lekker vindt, maar die ze nooit echt goed klaarmaakt. Mijn broer zal het haar achteraf eerlijk zeggen en zij zal heel verdrietig kijken en vragen: 'Vind je het helemaal niet lekker?', net zo vaak tot we haar allemaal verzekeren dat het heerlijk was. Mijn moeder zal ons niet geloven en beledigd zeggen: 'Ach, jullie nemen me gewoon in de maling', en ik zal heel geïrriteerd zijn. Naast de lievelingsgerechten is er het normale menu, dat bestaat uit soep, meerdere salades en hapjes, gehaktballen met naar keuze aardappelen, noedels of rijst, en groente. En twee taarten als dessert. Er is maar één probleem. We hebben geen honger.

'Jan, je eet toch wel wat?'

'O, nee bedankt, nu niet. We hebben bij mijn ouders geluncht. Dat was erg uitgebreid en ik zit eigenlijk vol.'

'Waarom?'

'Waarom wat?'

'Waarom heb je zoveel gegeten als je wist dat je hier naartoe kwam? Dacht je dat wij niets te eten zouden hebben?' Wat Jan ook had gedacht, dát was het in elk geval niet.

'Omdat het lekker was en ik honger had. Ik kom er gewoon bij zitten.'

'Ja, maar je moet toch een beetje proberen.'

'Nee, echt niet. Straks misschien. Ik zit vol.'

'Goed, straks. We eten soep, en straks eet je vlees en aardappelen mee. Ik heb groente met een nieuwe saus gemaakt. En daarna kun je soljanka eten, die hebben we speciaal voor jou gemaakt.'

'Heel erg bedankt, dat is erg aardig en ik heb me er al ontzettend op verheugd, maar ik eet dat liever morgen.'

'Nee, morgen kun je het nog een keer eten, maar vandaag ook.'

'Echt niet, ik zit vol.'

'Goed.'

'Ik kom er gewoon bij zitten.'

'Misschien een beetje soep?'

'Nee, echt niet.' Jans blik zoekt die van mij, al een beetje vertwijfeld, maar ik kan niets doen, ik heb ook geen honger, maar ik ken mijn moeder te goed om me aan zo'n gesprek te wagen, ik lepel braaf mijn soep naar binnen en zeg dat het heerlijk smaakt.

Mijn moeder kijkt me ook vertwijfeld aan, haalt haar schouders op en zegt: 'Goed, dan eet je niets. Kom er gewoon bij zitten.'

Jan gaat zitten, er glanst een beetje trots in zijn ogen, superioriteit zelfs, en hij begint een gesprek met mijn vader. Mijn vader wil hem net antwoord geven als mijn moeder hem onderbreekt: 'Zet de broodmand weg, daar moet Jans bord staan, hoe moet hij anders aardappelsalade eten?'

Thuis.


Mijn oma is de allerliefste van de wereld. Ze is zevenentachtig en daarmee de oudste mens die ik ken. Elke keer als ik thuiskom, ben ik er verbaasd over dat ze er zo oud uitziet. Ze heeft ontelbare rimpels in haar altijd zongebruinde gezicht, die haar heel mooi maken. Mijn oma heeft de blokkade rond Sint Petersburg tijdens de Tweede Wereldoorlog overleefd, ze was directrice van een textielfabriek, wat ze minstens drie keer per dag vermeldt, en ze heeft me opgevoed toen mijn ouders allebei werkten.

Mijn oma draagt prachtige, elegante dameshoeden, wat haar de grenzeloze liefde en bewondering van mijn vriend heeft opgeleverd ('Van jouw familie hou ik het meest – meer nog dan van jou – van je oma!'), en ze vertelt graag over haar aanbidders. Sinds mijn vader bij het invullen van wat formulieren toevallig heeft ontdekt dat mijn moeder als een buitenechtelijk kind ter wereld is gekomen, plaagt hij mijn oma daar voortdurend mee ('Ik heb een buitenechtelijk kind als vrouw aangesmeerd gekregen! Alsof ik niet genoeg problemen in mijn leven had!'), waarop mijn oma met een trotse en niet-begrijpende blik reageert: 'Ach, dat snap je niet. Het waren andere tijden.' 'Ja, precies,' antwoordt mijn vader dan. 'Dat is ook zo, het waren andere tijden, tijden waarin je voor het huwelijk niet eens elkaars hand mocht vasthouden!' Dat spel spelen ze minstens één keer per dag.

Mijn oma vertelt daarna over haar eerste man ('Hij was heel knap, we waren een heel knap stel.'), die de oorlog in moest en haar prachtige romantische liefdesbrieven vanaf het front schreef. 'Zal ik ze halen en voorlezen?' biedt ze altijd aan.

De eerste echtgenoot van mijn oma is niet van het front teruggekomen. Toen de oorlog voorbij was en mijn oma aan het weduwenbestaan was gewend, leerde ze bij haar tante mijn opa kennen. ('En daar zat die knappe soldaat in uniform die vroeg of hij me naar huis mocht brengen.') Bij haar eerste echte afspraakje kwam mijn opa een uur te laat, en mijn oma had alle hoop al opgegeven en verdrietig haar mooie uitgaansjurk voor een oude verruild, toen hij toch nog verscheen. Ze woonden de tweede helft van het concert bij. Toen ze een halfjaar later wilden trouwen, lukte het mijn oma niet om op tijd een verklaring van de vermissing van haar eerste echtgenoot te krijgen, dus kwam mijn moeder als buitenechtelijk kind ter wereld.

Mijn oma is een unica, een lief, fantastisch unica, maar

ze is zevenentachtig en behoorlijk vergeetachtig. Ze heeft vier vragen goed in haar hoofd geprent:

Ten eerste: 'Heb je mijn taart al geprobeerd?' (facultatief aardappelsalade.)

Ten tweede: 'Werk je niet te veel?'

Ten derde: 'Hoe lang blijf je?'

En ten vierde: 'Heb je mijn taart al geprobeerd?'

Helaas is ze op het moment dat ik haar antwoord geef meestal vergeten welke vraag ze al heeft gesteld.

Mijn ouders staan altijd vroeg op en Jan is een langslaper, dus is het ontbijt voor mijn oma en mij, omdat wij de enigen in de familie zijn die rond negen uur opstaan. Ik kom in mijn geruite oude flanellen pyjama de keuken in en wrijf nog in mijn ogen, terwijl ik broodjes in de oven schuif en Nutella zoek, mijn oma heeft daarentegen al gymnastiek gedaan en snijdt vers fruit voor haar muesli.

'Heb je goed geslapen, *babuschka*?'

'Nou ja, zoals je slaapt met zevenentachtig jaar, nietwaar? Heb je gisteren mijn taart geprobeerd?'

'Ja, dat heb ik. Hij was heerlijk. Vertel eens, hoe gaat het met je?'

'Nou ja, zoals het gaat met iemand van zevenentachtig, nietwaar? Je moet mijn taart proberen. Zal ik een stuk voor je afsnijden?'

'Nee, dank je. Heb ik je verteld dat ik al mijn tentamens heb gehaald?'

'Je werkt te hard. Ik weet het, je werkt te hard. Je moet niet zoveel leren.'

'Ik werk absoluut niet te hard. Ik hoefde het afgelopen kwartaal maar drie dagen per week naar de universiteit.'

'Heb je mijn taart al geprobeerd? Ik heb hem speciaal voor jullie gebakken.'

'Ja, dat heb ik.'

'Jan werkt natuurlijk ook te hard. Zeg het me eerlijk, werkt hij te hard?'

'Nee, het gaat goed met ons. Echt. We zijn pasgeleden zelfs een weekend naar de bergen geweest om te wandelen.'

'Hoe lang blijven jullie?'

'Het weekend. Tot morgenavond.'

'O, zo kort. Ojojoj. Heb je mijn taart geprobeerd? Ik kan een stuk voor je afsnijden voor bij de thee, hij is tenslotte speciaal voor jou.'

'Ik neem zelf wel een stuk als ik trek heb, dank je.'

'Hoe lang blijven jullie?'

'Het weekend.'

'Zo kort? Oj, dan zie ik jullie nauwelijks.'

'Maar we moeten maandag weer in München zijn.'

'Jullie werken te veel.'

'Nee, absoluut niet. Vertel eens, heb je de laatste tijd nog goede boeken gelezen?'

'Hoe lang blijven jullie?'

Ik word gek. Ik hou van mijn oma, ik weet dat ze oud is, ik weet dat ik haar zelden zie. Maar ik word gek! 'Wacht, ik ben zo terug.'

Ik schud Jan wakker, hij moppert, het is weekend, maar ik trek hem uit bed, het is tijd om te ontbijten. Ik duw hem de keuken in, waar mijn oma hem ontvangt: 'Heb je mijn taart al geprobeerd? Ik snijd een stuk voor je af voor bij het ontbijt.'

En tegen mij: 'Hoe lang blijven jullie?'

'Tot morgenavond.'

'Ojojojoj, zo kort!' Ze kijkt Jan verwijtend aan.

'Ik moet maandag weer werken,' zegt hij slaperig.

Ik ren de keuken uit, kleed me aan, pak de autosleutels en rijd naar de binnenstad, naar de plek waar alles zo fantastisch anders is geworden, waar ik zo fantastisch niets herken.

# 11

Vijf dagen voor ons vertrek naar Duitsland leren mijn ouders toevallig een musicerend echtpaar kennen, dat met hun instrumenten al een keer als straatmuzikanten door Duitsland is getrokken. Dit echtpaar kent een Duitse studente die een semester aan de universiteit van Sint Petersburg studeert. Mijn ouders nodigen haar bij ons thuis uit. Ze bombarderen haar met vragen waarop in Rusland maar moeilijk antwoord te krijgen is: 'Hoe kom je van Berlijn naar Stuttgart?', 'Wat is een ICE?', 'Hoe koop je een treinkaartje?', 'En wat is een sneltram?', 'Wat is in hemelsnaam een bureau buitenland?', 'Maak je een afspraak bij een arts?' 'En kun je zelf een arts uitzoeken, word je niet aan de wijkkliniek toegewezen?', 'Hoe maak je een afspraak?', 'Waarom fietsen er zoveel mensen in de stad?', 'Wat kost brood, groente, vlees?', 'En wat is een slager?', 'Is het echt geen sprookje dat in de supermarkten alles voor het grijpen ligt, soms zelfs buiten, en dat niemand het steelt?'

Ik zit erbij en snap er niets van. Het is allemaal zo raar. Ten eerste is de Duitse enorm groot, wel één meter negentig. Zijn ze daar allemaal zo groot? Ten tweede heet ze Katja. Hoe kan een Duitse Katja heten? Dat is een Russische naam. Ten derde, en dat is het belangrijkst: waarom eet ze niets van de heerlijke dingen die mijn ouders speciaal voor haar hebben gekocht? Sinds de perestrojka zijn er in Rusland twee soorten winkels. Iedereen koopt in de staatswinkels, maar daar is niet veel te koop. In de zogenaamde 'coöperatieve winkels' is ook niet alles te koop, maar toch heel veel, daar kopen alleen de rijken. Omdat de Duitse kwam, hebben mijn ouders, de enige keer dat ik me kan herinneren, in de coöperatieve winkel ingekocht. Allemaal delicatessen, worst en zo. We denken dat alle Duitsers worst eten. Ik mocht vooraf niets van de worst hebben, ik staar er begerig naar, maar de grote Duitse raakt hem niet aan. Later vertelt ze dat ze geen vette dingen eet en bovendien vegetariër is (bestaan er echt mensen die vrijwillig geen vlees eten?), en ze vraagt of we misschien wat magere kwark hebben. Mijn broer holt weg om magere kwark te kopen. Ik begrijp er nog steeds niets van en hoop alleen dat ze snel vertrekt, zodat ik in alle rust op de worst kan aanvallen.

# 12

We rijden met de trein van Sint Petersburg naar Berlijn, en vanaf daar naar Stuttgart. Tijdens de reis komen we langs Warschau, waar we twintig minuten stoppen, ik stap met mijn broer uit en loop op het perron rond. Alles is zo fantastisch kleurrijk. We komen 's ochtends in Berlijn aan, maar omdat mijn ouders hebben besloten dat ze niet 's avonds in Stuttgart willen arriveren, omdat we dan zo laat nog naar ons verblijfadres moeten zoeken, blijven we een hele dag in Berlijn en nemen we de nachttrein. We hebben vier koffers en vijf enorme tassen, die speciaal voor onze emigratie zijn genaaid. Bovendien draagt mijn vader een gele leren aktetas bij zich: daarin zit ons geld, onze papieren en een plattegrond van Stuttgart. Omdat de kluisjes voor al onze bagage twee maandlonen zouden kosten – we rekenen de Duitse valuta in ons hoofd naar Russische maandlonen om – blijft een van ons als bewaker bij de bagage terwijl de anderen Berlijn verkennen, in elk geval het Berlijn rondom station oost.

Berlijn ruikt lekker, naar iets onbekends. In de loop van de dag ontdek ik dat er eigenlijk maar één kraampje op het station is dat zo ruikt, daar wordt iets verkocht wat op brood met gesmolten kaas lijkt. Voor een half maandloon. Mijn ouders verdienden als ingenieur omgerekend vijf mark per maand. Ik durf niet te vragen of ik er een mag hebben. We hebben belegd brood en aardappelsalade als proviand bij ons.

Mijn vader neemt de eerste bewakingsronde voor zijn rekening. De rest gaat op stap om bananen te kopen. Dat is me beloofd: het eerste wat we kopen zijn bananen. We vinden een supermarkt waar alle mogelijke fruitsoorten, ook bananen, op de stoep voor de ingang staan uitgestald, maar niemand steelt iets. De mensen pakken zoveel als ze willen en gaan naar binnen om te betalen. Ik kan het niet geloven, ik durf de bananen niet aan te raken.

Ik heb maar één keer een banaan gezien. Een vriendin had hem aan me gegeven met oudjaar, het grootste Russische feest van het jaar, een surrogaatkerstmis voor het religieloze communistische Rusland als het ware. Omdat ik de wintervakantie bij mijn grootouders doorbracht, was de banaan al helemaal bruin toen ik thuiskwam. Ik at hem toch, het was het heerlijkste wat ik ooit had gegeten, maar misschien ook alleen het opwindendste.

We kopen bananen, zes stuks, een half maandloon. Ik krijg de eerste. Ik pel hem heel voorzichtig – dan valt hij. Mijn banaan valt op het smerige asfalt. Mijn eerste Duitse banaan, ik huil en durf mijn familie niet meer aan te kijken. Ze hebben vast al ons geld ervoor uitgegeven en ik laat hem vallen. Ik kan niet meer stoppen met huilen. Ze schuiven de andere bananen naar me toe, maar ik wil niet meer. Ik heb het niet verdiend.

Als we weer op het station aankomen, kijkt mijn vader verward en nadenkend. Terwijl we weg waren, kwam er een man naar hem toe die hem in het Russisch aansprak. (Zijn er nog andere Russen dan wij in Duitsland?) Hij zag meteen dat mijn vader uit Rusland kwam en zei tegen hem: 'U hebt er goed aan gedaan om hiernaartoe te komen. U hebt alleen twee fouten gemaakt: u had het twintig jaar geleden al moeten doen en u had alleen dit mee moeten nemen.' Hij wees naar de gele aktetas. Zijn er echt andere Russen in Duitsland?

# 13

De perestrojka verandert niets. Iedereen hoopt erop, maar de winkels blijven leeg, in 1991 hebben we zelfs levensmiddelenkaarten, iedereen mag een kilo noedels per maand kopen en mijn ouders krijgen hun salaris maandenlang niet uitbetaald.

Er zijn ook anderen. Dat zijn de businessmensen. Business is een geliefd nieuw woord in Rusland. Het betekent dat iemand op het juiste moment zijn baan als ingenieur heeft opgezegd en nu iets aan het buitenland verkoopt of van het buitenland inkoopt, het betekent dat er op school plotseling kinderen zijn die kleurige westerse rugzakken dragen, Barbies hebben en in de vakantie naar Hongarije gaan. Dat zijn de businesskinderen. Het is inmiddels toegestaan om uit Rusland te reizen, maar mijn familie heeft net voldoende geld voor het treinkaartje voor de stoptrein naar de datsja. 'Wij zijn geen businessmensen,' hoor ik mijn moeder zuchten en ik wilde dat het anders was.

De moeder van mijn beste vriendin is tolk. Ze spreekt Engels en vertaalt voor nieuwe investeerders uit Scandinavië. Ze nodigen haar uit om naar Noorwegen en Finland te komen. Als ze terugkomt, vertelt ze met tranen in haar ogen dat ze in een restaurant heeft gegeten waar een toilet speciaal voor gehandicapten was. In Rusland worden gehandicapten in tehuizen gestopt waar niet genoeg rolstoelen voor iedereen zijn, en ze worden als melaatsen behandeld. Ze neemt cola en fanta in blik mee, één keer mag ik zelfs proeven. De lege blikjes zetten ze heel prominent als decoratie op de kast in de keuken. Mijn beste vriendin nodigt haar klasgenootjes bij haar thuis uit, zodat ze de collectie kunnen bewonderen. Ik ben bijna net zo trots als zij, tenslotte ben ik zowat elke dag bij haar, we hebben de blikjes al meerdere keren uitvoerig bestudeerd. Eén keer neemt haar moeder ook cornflakes mee, het fascineert ons hoe zacht ze in de melk worden.

Mijn beste vriendin heeft nu ook een coole kleurige rugzak en ik voel me ongeveer net als toen ik vier was en zij op kunstschaatsen ging, terwijl ik dat niet mocht. In het communisme is weliswaar iedereen gelijk, maar elite-bevordering wordt toch met een hoofdletter geschreven. Als je een muziekinstrument wilt leren bespelen, moet je een toelatingsexamen bij een muziekschool afleggen. Ik ben niet muzikaal en onsportief, dus mag ik geen instrument bespelen en niet samen met mijn beste vriendin op kunstschaatsles. We zijn een tweeling, zeggen we altijd, we wonen in hetzelfde gebouw, ik op de zesde en zij op de tweede verdieping, we kennen elkaar al sinds we kunnen lopen, maar in deze periode vraag ik me af of een tweeling niet ook dezelfde schooltas hoort te hebben.

Onze klas is nu verdeeld in de kinderen die spullen uit het Westen hebben en 'de anderen'. Eén meisje heeft prachtige kleren uit Duitsland en draagt ze ook op school. Dat is verboden, we hebben allemaal hetzelfde schooluniform, de jongens blauwe pakken, de meisjes bruine jurken met zwarte schorten, ze valt op het schoolplein meteen op met haar kleurige kleren. Onze klassenlerares windt zich enorm op, maar 's avonds bellen de ouders van het meisje met het schoolhoofd en de volgende dag wordt verteld dat Marina op school mag dragen wat ze wil. Er zijn veel geruchten in omloop over wat het schoolhoofd ervoor heeft gekregen.

Ik ben uitgenodigd voor Marina's verjaardag. Verder zijn er alleen rijke kinderen met speelgoed uit het Westen, maar omdat mijn beste vriendin daarbij hoort en we onafscheidelijk zijn, word ik ook uitgenodigd. Mijn moeder koopt viltstiften, twaalf kleuren, als verjaardagscadeau voor Marina. Ik heb maar tien kleuren en ben vreselijk enthousiast over het cadeau. Wat jammer dat mijn verjaardag pas in de winter is.

Marina heeft van haar ouders een pluchen ijsbeer (uit het buitenland) gekregen, waar ze echter nauwelijks naar omkijkt. Haar kinderkamer ligt vol pluchen dieren. Ik vind de ijsbeer prachtig; als het kon zou ik ervoor zorgen dat ze mijn beste vriendin werd.

Later op de avond hoor ik hoe een vriendin aan Marina vraagt wat ze allemaal heeft gekregen. Marina laat trots haar cadeaus zien. 'Kijk eens, iemand heeft me viltstiften gegeven, Russische, wie wil die nou hebben?' zegt ze. Ik klem de ijsbeer tegen me aan.

Thuis vraagt mijn moeder, die heel veel geld voor de viltstiften heeft betaald, of Marina blij was met het cadeau.

'Ja, heel erg! Ze was ontzettend enthousiast, iedereen heeft ermee getekend,' zeg ik en ik ga naar mijn kamer.

Iedereen probeert nu om uit Rusland te vertrekken. In het Westen is alles goed, in Rusland niets. Plotseling heeft het ook iets goeds om een jood te zijn. Joden hebben de mogelijkheid om te vertrekken, ze kunnen naar Israël en sommigen zelfs naar Amerika. Plotseling worden we voor heel veel afscheidsfeestjes uitgenodigd.

Naar Amerika vertrekken is het moeilijkst. Je moet zeker zijn van een baan of er familie hebben wonen. Dat hebben we allebei niet. Iedere jood mag naar Israël, maar het schijnt daar ondraaglijk heet en heel anders dan in Europa te zijn, daar willen mijn ouders niet naartoe. Mijn nicht emigreert naar Israël en mijn broer overweegt om haar achterna te gaan, hij neemt zelfs lessen Hebreeuws. Maar dan neemt zijn zin voor avontuur af en blijft hij in Sint Petersburg.

Als mijn moeder aan mijn vader vertelt dat we dankzij mijn broer misschien al snel een uitreisvergunning voor Duitsland kunnen krijgen, zegt hij: 'Ik ga van mijn leven niet naar Duitsland.' Zijn vader is in de Tweede Wereldoorlog gesneuveld, hij heeft zelf de blokkade van Sint Petersburg als baby overleefd, hij gaat van zijn leven niet hij naar het land van de Duitsers.

Mijn moeder bewaart het nummer echter. 'Denk er nog eens over na,' zegt ze tegen hem.

'Van mijn leven niet,' antwoordt hij nog een keer.

Drie weken later vraagt hij of mijn moeder het briefje nog heeft.

'Wat is er gebeurd?' vraagt mijn moeder bezorgd.

Mijn vader was van de datsja naar Sint Petersburg op weg. Hij zat in de trein en las de krant. De man tegenover hem tilde zijn voeten op en veegde de smerige zolen van zijn rubberlaarzen aan de knieën van mijn vader af. Mijn vader schoof naar links. De man schoof ook naar links en bleef met zijn enorme voeten tegen de knieën van mijn vader aan zitten.

'Wat moet dat?' vroeg mijn vader.

'Ga toch naar huis, naar Israël, smerige jood,' zei de man, die zijn laarzen nog steeds tegen mijn vaders knieën aan had. 'Weg hier. Je hoort hier niet, rotjood.'

Niemand reageerde. Mijn vader wist niet wat hij moest doen. Wat had hij daarop moeten antwoorden? We woonden in een geciviliseerd, cultureel hoogontwikkeld land. Hij kon toch niet opstaan en de man slaan? Er kwam een man overeind. Mooi zo, dacht mijn vader, eindelijk zegt iemand iets. De man legde zijn hand op de schouder van zijn tegenstander.

'Hou je kalm, kerel!' zei hij. 'Nog een beetje geduld. Binnenkort smijten we die joden eruit, maar hou je nu kalm.'

'Ik wil niet naar Israël, daar is het me te warm,' zegt mijn vader als hij het verhaal thuis vertelt. 'Maar ik wil hier weg. Ik wil niet dat mijn kinderen zoiets meemaken.'

# 14

'Het is de vijfde regel,' zeiden mijn ouders soms.
'De vijfde regel zeker?' vroegen familieleden elkaar in
gesprekken. Meestal werd op die vraag geknikt.
'Mama, wat is de vijfde regel?' vraag ik als de zin weer
eens valt. Ik heb hem al vaker gehoord, maar ik weet niet
wat het betekent.

Met de vijfde regel wordt de vijfde regel in het paspoort
bedoeld, legt mijn moeder uit. Na achternaam en voor-
naam, geboorteplaats en -dag staat er op de vijfde regel
'nationaliteit'. In het paspoort van mijn familie staat daar
'joods' achter. De vijfde regel is er meestal verantwoordelijk voor dat je de baan niet krijgt waarnaar je hebt gesol-
liciteerd, of niet mag studeren waar en wat je wil.

De universiteiten van Rusland hebben bepalingen, waarin staat hoeveel joden ze moeten aannemen. Veel Russen
mopperen dat het er nog steeds te veel zijn. Later, in Duitsland, zullen mijn ouders me vragen wat er achter het
Walser-debat zit en waarover iedereen zich eigenlijk zo
opwindt, de overheid bedrijft nu eenmaal antisemitisme.
Antisemitisme wordt bedreven als de vijfde regel in een
paspoort staat en jood een vaak gebruikt scheldwoord
is.

Toen mijn moeder van school kwam, wilde ze absoluut
studeren. Ze meldde zich als beste van haar klas aan bij
haar droomuniversiteit. Het eerste toelatingsexamen was
natuurkunde. Mijn moeder leerde ijverig, ze was wiskundig aangelegd. Alle joden zijn wiskundig aangelegd, zeggen de Russen minachtend. Het examen bestond uit een

schriftelijke opdracht en twee mondelinge vragen. De schriftelijke opdracht was volgens zeggen bijzonder moeilijk, maar mijn moeder vond hem verbazingwekkend gemakkelijk. Na een halfuur was ze klaar en ging naar de examinator.

'Dank u. U kunt naar huis gaan,' zei deze terwijl hij de beschreven vellen papier met de uitwerking van haar aannam.

'En het mondelinge deel? Gaat u me niets vragen?' wilde mijn moeder weten.

'Nee. Gaat u naar huis.'

'Maar waarom?' vroeg mijn moeder.

'U hebt de schriftelijke opdracht fout beantwoord. U bent gezakt,' legde de examinator uit.

Mijn moeder rekende in de bus naar huis de opdracht nog tien keer na. Ze had niets verkeerd gedaan. Thuis keek ze haar lesboeken na. De opdracht stond er inderdaad in, de uitwerking was exact hetzelfde als die van haar.

'Ze willen me niet omdat ik een joodse ben,' stelde mijn moeder vast. 'Begrijpen jullie, dat is antisemitisme.'

Vóór de Oktoberrevolutie mochten joden onder de tsaar alleen in getto's wonen. Mijn grootouders groeiden op met het geloof dat de revolutie alles had verbeterd. Na de val van de tsaar zou iedereen hetzelfde zijn, was hun beloofd. Zelfs de joden. Mijn grootouders wilden geloven in het communisme, dat niemand uitsloot. Ze wilden hun dochter bewijzen dat ze niet voor niets voor Lenin hadden gevochten. Ze gingen naar de universiteit, lieten het boek met het goede antwoord zien, het misverstand zou zo meteen opgehelderd zijn, ziet u, onze dochter heeft het goede antwoord gegeven.

'De uitwerkingen kunnen na het examen niet meer ingezien worden,' beweerde het universiteitsbestuur. Als de professor had gezegd dat ze het verkeerde antwoord had gegeven, dan was dat ook zo. Dat is door de overheid, van bovenaf opgelegd antisemitisme.

Over het feit dat de vijfde regel niet in Duitse paspoorten staat, verheugen mijn ouders zich jaren later in Duitsland telkens weer. Geen vijfde regel in het paspoort. Nationaliteit: Duitse.

# 15

Duitsland is kleurrijk. Het is zo kleurrijk dat ik niet weet waar ik als eerste moet kijken. In vergelijking met Sint Petersburg is het rustig en ordelijk, maar het is vooral kleurrijk. Het kleurrijkst is het op school. De kinderen dragen geen schooluniform en hun fietshelmen – wat grappig dat ze op de fiets naar school gaan – vallen zelfs in de enorme hoeveelheid kleuren nog op en glanzen prachtig geel en roze. Het op één na kleurrijkste, maar veel mooier dan de school, zijn de supermarkten, met stellingen die zo vol zijn dat het me vast en zeker jaren kost om alles te bekijken. Mijn vader is bang dat ik voor een dievegge word aangezien, daarom mag ik niet te lang voor een stelling blijven staan.

Op mijn tweede dag in Duitsland ga ik al naar school. We zijn in een overgangskamp ondergebracht, waarin alle Baden-Württembergse quotumvluchtelingen terechtkomen, tot duidelijk is in welke stad een kamp met genoeg plek is. Alle kinderen uit dit overgangskamp komen in een speciale klas om Duits te leren. We lopen naar school, een uur heen en een uur terug, maar ik ben zo opgewonden dat die enorme afstand me niets kan schelen.

Mijn klasgenootjes zijn al heel lang in Duitsland, sommigen al twee weken, en zijn hier goed op de hoogte. Een van hen heeft een Duits etui met een prachtige paars-rode draak erop, een ritssluiting en kleurpotloden in alle kleuren. Ik ben zo onder de indruk dat ik niet eens merk dat de leraar het lokaal binnenkomt.

Ik ken maar een paar woorden Duits, zinnen die mijn

broer me heeft geleerd of die ik op de treinreis naar Berlijn in een lesboek heb gelezen. Een daarvan luidt: 'Ik spreek Duits, maar niet zo goed.' Ik ben heel trots op die zin, omdat hij zo ingewikkeld is, met een komma en een maar-constructie. Mijn aanzien onder mijn klasgenootjes, die tot nu toe de boventoon voerden omdat ze al zoveel over Duitsland weten, groeit als ik hem zonder haperen uitspreek.

De leraar, meneer Meyer, is heel aardig, hij heeft inmiddels wat flarden Russisch van zijn leerlingen opgepikt, en met behulp van heel veel tekeningen op het bord kunnen we ons goed verstaanbaar maken. Meneer Meyer legt uit dat het zondag moederdag is. Hij schrijft het woord op het bord en wij schrijven het langzaam over. Hij tekent er bloemen en een cadeau met een strik bij, en mijn klasgenootjes proberen hem moeizaam uit te leggen dat we in Rusland Internationale Vrouwendag hebben, die op acht maart valt, en dat onze moeders dan cadeaus en bloemen van ons krijgen. Ik besluit echter om per direct Duits te worden. Ik ga de Duitse moederdag vieren.

Op de terugweg van school komen we langs een supermarkt. Mijn klasgenootjes gaan naar binnen om kiwi's te kopen.

'Weet je al wat een kiwi is?' vraagt iemand me. Ik schud mijn hoofd.

'Een kiwi is een Duitse vrucht,' legt hij uit. 'De Duitsers eten de hele tijd kiwi's. Een kiwi kost veertig pfennig.'

Op mijn tweede dag in Duitsland ben ik nog niet zover dat ik veertig pfennig voor een kleine vrucht uitgeef. Ik heb twee mark van mijn ouders gekregen, voor een noodsituatie, en ik ben niet van plan om die ondoordacht uit te geven. Ik moet iets Duits met het geld doen, wat eigenlijk weer voor de kiwi spreekt, de Duitsers eten tenslotte de hele tijd kiwi's, bedenk ik, maar dan denk ik opeens aan moederdag. Ik moet een cadeau voor mijn moeder kopen, het liefst met een maximale prijs van vijftig pfennig. Wie weet waarvoor ik de overige één vijftig nodig heb. Ik blijf voor de broodstelling staan. Er liggen allerlei soorten brood en broodjes en er staat geen rij. Ik zie een plastic zak met vier maanzaadbroodjes liggen. Mijn moeder vindt maanzaad heerlijk, maar in Rusland was het moeilijk te krijgen. De vier broodjes kosten negenennegentig pfennig. Ik sta zo lang in tweestrijd dat mijn klasgenootjes ongeduldig worden.

De broodjes zitten in mijn rugzak en als ik naar huis loop ben ik zo trots en gelukkig dat ik bijna zweef. Vandaag is het donderdag en tot zondag blijf ik opgewonden, in afwachting van mijn grote verrassing.

Op zondag leg ik mijn familie uit wat moederdag is. Trots geef ik mijn moeder mijn cadeau. Ze is blij en geeft me een kus, mijn broer ziet eruit alsof hij beledigd is omdat ik hem niet heb verteld dat het vandaag Duitse moederdag is.

De broodjes zijn inmiddels keihard.

# 16

Mijn familie is dit weekend bij ons, wat betekent dat ze donderdagavond zijn gearriveerd en maandagmiddag vertrekken, omdat het anders de moeite niet is. Het is alleen mijn familie, en mijn moeder is helemaal uitzinnig van blijdschap omdat we allemaal bij elkaar zijn, maar het betekent dat er twee ouders, een oma, een broer, Jan en ik in onze kleine tweekamerwoning verblijven. Mijn ouders slapen in ons bed, mijn oma op de bank, mijn broer op een luchtbed op de grond naast haar, en Jan en ik wurmen ons in slaapzakken op isolatiematjes in de keuken, op de koude vloer, waar het heel lang duurt voordat ik in slaap val.

's Ochtends komt mijn moeder, die zelden na halfzeven wakker wordt, de keuken in sluipen. Ze stapt heel zachtjes op haar tenen over ons heen naar het koffiezetapparaat. Elke ochtend denkt ze opnieuw dat ze ons niet wakker maakt. Elke ochtend ga ik geïrriteerd rechtop zitten en vertel haar dat we in het weekend normaal gesproken iets langer slapen. Elke ochtend antwoordt ze: 'Waarom heb je toch zo'n slecht humeur? Is het niet fantastisch dat we allemaal bij elkaar zijn? En was het geen goed idee om al op donderdag te komen, nu hebben we meer tijd voor elkaar!' En daarna, om me een slecht geweten te bezorgen: 'De dag is nog maar net begonnen, waarom trek je zo'n gezicht? Ik wilde er toch alleen maar voor zorgen dat de koffie klaarstaat als iedereen wakker is!'

Mijn moeder rent door de woning en wil per se onze ramen lappen, mijn vader zegt dat het zonde van de tijd is om binnen te zitten, we moeten de stad bekijken, mijn oma is het met hem eens, ja, dat moeten we absoluut doen, we moeten kijken of het net zo mooi is als Sint Petersburg, ze verdwaalt voortdurend in de kleine tweekamerwoning, Jan gaat steeds vaker naar het balkon om te roken, en ik ben op van de zenuwen en inmiddels hees en verkouden, want slapen op een vloer, ondanks isolatiematje, is niets voor mij. Tot overmaat van ramp verspreidt mijn broer, die me als geen ander zou moeten begrijpen, het is toch ook zijn familie, naar lavendel stinkende wierook in de woning, adviseert me om op de grond voor een witte muur te gaan zitten en te mediteren, minstens een uur lang. Als alternatief zou ik een paar boeddhabeelden kunnen tekenen, dat zou me ook al verder helpen.

Op zaterdagmiddag is mijn familie zonder mij op stap, en probeer ik tot rust te komen. Op hun aankomstdag zijn we in de stad gaan wandelen en mijn ouders hebben moeten vaststellen dat Jan en ik de namen, bouwjaren en stijlen van de kerken en andere belangrijke gebouwen niet kenden.

'Wat was dat nou?' had Jan me later gevraagd, toen we ons op de keukenvloer installeerden. Ik heb hem uitgelegd dat culturele kennis voor Russen heel belangrijk is.

'Ja, en jouw ouders hebben er dan ook voor gezorgd dat je op je twaalfde de hele wereldliteratuur had gelezen en iedere schilder onmiddellijk herkent. Maar je hoeft toch niet te weten hoe elk klein kerkje is ontstaan,' antwoordde Jan.

Ik had mijn isolatiematje zo onder de keukentafel geschoven dat mijn voeten niet meer bij elke beweging tegen de tafelpoot stootten, en zei niets meer.

Mijn ouders hebben een Russisch reisbureau ontdekt en maken een Russischtalige stadsrondleiding. Ik bid tot God dat het heel lang duurt. Ze moeten elke bezienswaardigheid aflopen. Gelukkig is de stad groot.

Jan zit voor de televisie en weigert met opruimen te helpen. 'Ik moet gewoon even van de rust genieten. Ik ruim op als ze allemaal definitief weg zijn.' Mijn oma zit naast hem te lezen – een stadsrondleiding is te vermoeiend voor haar – maar af en toe kijkt ze naar hem en schudt haar hoofd.

'Wat is er toch, babuschka?' vraag ik terwijl ik bij haar op de bank ga zitten.

'Niets, alles is in orde. Ik lees gewoon. En ik ben blij dat ik hier ben. Jullie hebben zo'n mooie woning. En ik heb zo'n mooie kleindochter. Net als ik, toen ik nog jong was,' antwoordt ze en ze geeft me een kus op mijn voorhoofd.

'Ja, maar je kijkt steeds naar Jan. Waarom?'

'Ik kijk helemaal niet.' Ze aarzelt. Mijn oma van zevenentachtig aarzelt voor de vorm, ze wil overgehaald worden.

'Jawel, natuurlijk kijk je naar hem, dat zie ik toch. Kom, zeg tegen me wat er aan de hand is. Ik vertel het niet verder.' Jan is niet geïnteresseerd. Hij staart naar de televisie en is de wereld om hem heen vergeten.

'Nee, ik kijk zomaar,' aarzelt mijn oma verder.

'Kom op nou.' Ik sla mijn armen om haar heen. Dat werkt altijd. 'Je bent toch mijn lievelingsbabuschka, van al mijn duizend babuschka's, weet je dat eigenlijk wel?'

'Hij werkt te veel. Kijk dan naar hem, hij ziet er doodmoe uit. Kijk zijn ogen eens,' zegt mijn oma en ze zucht heel hard, alsof de wereld vergaat. Ik kijk naar Jan. Hij zou terug kunnen kijken, maar hij reageert niet, hij kan zich heel goed afsluiten, zijn ogen zijn zoals altijd. Bovendien hebben we al twee nachten op de keukenvloer doorgebracht.

'Jan, babuschka vindt dat je er moe uitziet', zeg ik.

'O, nee. Ik ben helemaal niet moe, maakt u zich maar geen zorgen,' antwoordt Jan en hij glimlacht verschrikkelijk lief.

Mijn oma blijft haar hoofd schudden en kijkt een beetje ontevreden. Dan richt ze zich tot mij: 'En jij? Werk jij te veel?'

Toen ik klein was, bracht ik heel veel tijd bij mijn oma door. Mijn ouders werkten allebei en ik logeerde daarom doordeweeks bij mijn grootouders. Als ik bij hen aankwam, haalde mijn grootvader een enorme zak vol speelgoed helemaal boven uit de wandkast. Op weg naar mijn grootouders was ik altijd een beetje bang dat die fantastische zak verdwenen zou zijn. Bovendien mocht ik bij mijn grootouders één keer per dag de sprookjestelefoon bellen. Daar moest, in tegenstelling tot de gratis lokale gesprekken, voor worden betaald, een op band opgenomen stem vertelde een kindersprookje. De band werd niet vaak verwisseld, maar het maakte me niets uit dat ik elke dag hetzelfde verhaal hoorde, thuis mocht ik er geen geld aan uitgeven. Later kreeg mijn opa kanker en bracht ik steeds meer tijd met mijn oma door.

Inmiddels is ze zevenentachtig, en alle strengheid is uit haar gezicht verdwenen. Ze is net zo zongebruind als destijds, want ze maakt elke dag een wandeling en draagt dan een van de dameshoeden waarop Jan zo gek is.

Ik sla mijn armen om haar heen, maar dan begint ze er weer over dat ik te veel werk en te weinig eet.

Vlak daarna wordt er aangebeld, mijn ouders en mijn broer zijn terug van de stadsrondleiding, die naar mijn mening veel te kort was, en vertellen honderduit. Jan zucht en zet de televisie uit, mijn broer zegt dat hij straks nog moet mediteren en mijn oma beklaagt zich omdat zij er niet bij mocht zijn.

Later, tijdens het eten, zegt mijn moeder: 'Ik heb nog een verrassing voor je.' Het klinkt geheimzinnig en dramatisch en plechtig. Ik heb een slecht voorgevoel.

'Je raadt nooit wie ons heeft rondgeleid,' zegt ze en ze knipoogt naar mijn vader en broer.

'Wie dan?' vraag ik. Ik heb geen zin in raadspelletjes.

'George Clooney,' zegt mijn broer.

'Sst, jij mag helemaal niet raden,' zegt mijn moeder.

'Laat Anja!' Ze kijkt me verwachtingsvol aan.

'Ik weet het niet. Iemand die ik ken?' vraag ik.

'Dat kun je wel zeggen,' zegt mijn moeder met een onnozel lachje.

'Ik heb geen idee. Geef me een tip.'

'Het is een ex.'

'Ik zeg het toch, het was George Clooney,' zegt mijn broer.

'Andrej!' vermaant mijn moeder hem. En dan nog een keer verwachtingsvol: 'Nou, heb je helemaal geen idee? Ik geef je nog een tip. Hij woonde vroeger niet in München. Ik geloof dat je niet eens weet dat hij hier woont.'

'Als ik ook iets mag zeggen: het lijkt toch echt om George Clooney te gaan,' zegt mijn grappige broer.

Dan houdt mijn moeder het niet meer uit en ze zegt: 'Ilja.'

Ilja.

Mijn vader, mijn oma en Jan zijn druk met hun kip bezig en kijken niet op.

Ilja.

Mijn moeder kijkt me verwachtingsvol aan. Gespannen.

'Wist je dat hij hier woont?' vraagt mijn vader, die waarschijnlijk toch heeft geluisterd, en hij kijkt naar Jan. Ik kijk ook naar Jan, maar Jan kijkt naar zijn kip en probeert het vlees van de botten te bevrijden.

'Wie, George Clooney?' vraagt mijn boeddhistische broer met stoïcijnse kalmte.

'Nee, dat wist ik niet. Het laatste wat ik van hem heb gehoord, is dat hij een jaar lang over de wereld heeft gereisd en op een of andere plantage heeft gewerkt, maar dat is minstens twee jaar geleden. Is hij veranderd?' vraag ik.

Mijn vader kijkt bezorgd naar Jan, die nog altijd met zijn kip bezig is, en mijn oma vraagt in het Russisch: 'Weet Jan wie Ilja is?'

'Mama, praat Duits,' vermaant mijn moeder haar, terwijl mijn oma alleen Jiddisch spreekt. Mijn moeder trekt zich niets aan van dat soort details.

'Natuurlijk weet Jan wie Ilja is,' zeg ik in het Duits.

'Huh?' zegt Jan. 'Dat is toch je ex-vriend?' Ik kijk naar hem en hij kijkt terug. 'Als je de rest van je kip niet eet, neem ik het,' zegt hij.

'Ze eet het wel, het is niet veel,' antwoordt mijn moeder voor me.

'Is hij veranderd?' wil ik weten.

'Dat zul je zelf wel zien. Hij was heel blij dat je hier woont, ik heb hem je telefoonnummer gegeven en hij wil je absoluut bellen,' zegt mijn moeder.

Ilja.

Wil me bellen.

Absoluut.

Het is normaal, verdedig ik mezelf, iedereen is opgewonden als hij hoort dat hij na jaren zijn eerste liefde terugziet.

'Anjetschka, wil jij je kip nog?' vraagt Jan.

Later, als we alleen zijn, vraag ik Jan of hij het gesprek aan tafel vervelend vond en hij vraagt verbaasd: 'Waarom?'

'Nou ja, omdat het over mijn ex ging.'

'Hij was je eerste grote liefde, jullie zijn een hele tijd samen geweest, je ouders kennen hem, nu hoor je dat hij in dezelfde stad woont als jij, dat is toch normaal,' antwoordt hij.

Het is normaal, zeg ik ook tegen mezelf.

'En zou je het vervelend vinden als ik met hem zou afspreken?'

'Nee, waarom?' zegt Jan en hij kijkt me oprecht verbaasd aan. 'Ik weet toch dat je van me houdt. Dat van jullie is jaren geleden!'

Later, als ik met mijn vader alleen ben, zegt hij: 'Misschien moet je niet met Ilja afspreken. Het zou niet netjes zijn tegenover Jan. Hij zal niets zeggen, omdat mannen niet praten over dat soort dingen, maar het zou niet prettig voor hem zijn.'

Mijn vader is ook een man en praat helemaal niet graag over dat soort dingen. Dat hij het nu toch doet, irriteert me. Ik heb geen zin in dit gesprek.

'Bedankt voor je advies. Ik zal erover nadenken,' antwoord ik kortaf. Mijn vader wil nog iets zeggen, maar ik loop de kamer uit.

Vlak daarna vindt mijn moeder een gelegenheid om tegen me te zeggen: 'Ik wilde het je daarstraks niet zeggen, maar Ilja ziet er heel goed uit en hij verheugt zich er echt op om je te zien.' En daarna: 'Weet je nog hoe verliefd je op hem was, hoe je altijd op zijn telefoontjes wachtte? Mijn god, dat grote liefdesverdriet. Je dacht dat je hart voor altijd gebroken was!'

Dat irriteert me nog meer dan de raad van mijn vader, maar ik knik gehoorzaam, want natuurlijk weet ik het nog, de fantastische, overweldigende, charmante, knappe, grappige, perfecte Ilja, mijn eerste grote liefde, natuurlijk weet ik het nog.

Als mijn vader, mijn broer en ik 's avonds rummikub spelen – Jan speelt niet mee omdat hij van mening is dat we veel te lang, veel te logisch, veel te wiskundig en vooral veel te ambitieus over elke zet nadenken, mijn oma slaapt al en mijn moeder bakt gehaktballen voor de komende weken voor ons – gaat de telefoon. Ik ben net aan de beurt en moet heel dringend winnen voordat mijn broer het doet, dus neemt Jan op.

'Anja, het is voor jou,' roept hij vanuit de andere kamer.

'Wacht even,' mompel ik. 'Wie is het?'
'Ilja.'
Ilja.
Ilja belt.

# 17

Iedereen die naar München komt wil Beiers eten. Ik hou niet van varkenspoten en aardappelen in knoedelvorm en al helemaal niet van kool in rare kleuren. Maar we hebben veel vrienden, die overal verspreid in Duitsland wonen en ons vaak in München bezoeken, en helaas allemaal minstens één keer 'echt oer-Beiers' willen eten, dus heb ik na een lange, onaangename en dure zoektocht, waarvan de weg was geplaveid met vet vlees en knoedels, een Beiers restaurant gevonden dat ondanks het hoge plafond, de obers in lederhosen en de enorme pullen bier meestal een vegetarisch gerecht op de menukaart heeft staan. Elk weekend dat we bezoek hebben ben ik daar te gast. Ik heb zelfs een lievelingsober, een Saks, die er erg lekker uitziet in zijn lederhosen.

'Vanavond nemen we jullie mee naar een restaurant, Beierse keuken,' verkondigt Jan. Ik kijk naar mijn familie. Op het gezicht van mijn moeder zie ik twijfel: aan de ene kant wil ze zich absoluut aan onze levensstijl aanpassen en zo Duits mogelijk zijn, aan de andere kant ziet ze het nut van de uitnodiging niet in. We hebben thuis toch al heel veel eten.

Mijn vader zegt meteen: 'Goed, heel goed. Maar ik betaal. Oké?'

Mijn oma en mijn broer reageren niet; zij heeft het niet begrepen, hij is verdiept in een boek over zenboeddhisme.

Jan kijkt me vragend aan. Ik haal mijn schouders op.

'Jullie zijn op bezoek, dus wij betalen,' zegt hij heel beslist tegen mijn vader.

Mijn vader kijkt me aan. Hij is het hoofd van de familie en wil betalen. Ik haal mijn schouders op.

'Dat beslissen we wel in het restaurant. Misschien wil Andrej wel voor allemaal betalen,' zeg ik.

'Huh?' vraagt Andrej, zonder van het zenboeddhisme op te kijken.

Een ober in lederhosen brengt de menukaarten en vraagt of we al weten wat we willen drinken.

'We denken nog na,' zeg ik voordat iemand anders iets kan zeggen. Mijn vader klinkt als hij opgewonden is, wat hij in restaurants eigenlijk altijd is, heel kortaangebonden en daardoor onbeleefd. Mijn moeder is niet bang, maar heeft een bijna onderworpen toon. Mijn broer kan het allemaal niet schelen.

'We moeten allemaal iets anders bestellen,' zegt mijn moeder als de ober wegloopt. 'Zodat iedereen alles kan proberen.'

'Ik neem eend,' zegt mijn broer.

'Dat wilde ik ook nemen,' zegt Jan.

'Dan moet jij iets anders nemen, Andrej,' beslist mijn moeder.

'Waarom? Ik wil eend,' zegt mijn broer.

'Is de eend groot?' vraagt mijn vader aan Jan.

'Jij neemt in geen geval eend,' zegt mijn moeder. 'Die twee willen al eend.'

'Kan iemand voor me vertalen?' vraagt mijn oma. 'Maar niets met varkensvlees alsjeblieft.'

Geen varkensvlees eten is haar concessie aan het jodendom.

Mijn moeder zoekt de gerechten zonder varkensvlees uit, 'snoekbaarsfilet met daslooksaus' of 'kalfsgehaktballen met aardappel-rucolasalade'. 'Je kunt kiezen tussen vis met rijst of gehaktballen met aardappelsalade,' vertaalt mijn moeder de Beierse menukaart magertjes in het Russisch.

'Dat hebben we thuis toch ook?' zegt mijn oma.

'Maar hier hebben ze heel lekkere sauzen, oma,' legt mijn broer uit.

'Hebt u een beslissing kunnen nemen?' vraagt de ober, die weer bij onze tafel komt.

We bestellen de drankjes.

'Dat is veel te veel voor me,' roept mijn oma als er een halve liter appelsap voor haar staat.

'Dan drink je je glas gewoon niet leeg,' zeg ik.

'Ja, maar waarom heb ik het dan besteld?' vraagt ze.

'Weet u al wat u wilt eten?' vraagt de ober.

'Ja,' zegt Jan op hetzelfde moment dat ik 'nee' zeg.

We kijken elkaar aan. Ik probeer heel doordringend te kijken.

'Ik geloof dat we toch nog een moment nodig hebben,' zegt Jan.

'Wat is er nou?' vraagt hij als de ober wegloopt. 'Ik dacht dat we het wisten?'

'Nee, nog niet allemaal,' zeg ik.

'Hoe smaakt de biefstuk hier?' vraagt mijn moeder.

'Vast goed,' antwoordt Jan.

'We kunnen aan de ober vragen hoe hij precies wordt klaargemaakt,' stelt mijn moeder voor.

'Hij wordt gewoon heel kort gebakken,' zeg ik. 'Dat hoef je toch niet te vragen.'

'Als je iets vraagt, Anja, kun je ook meteen vragen hoe groot de eend precies is,' zegt mijn vader.

'Kunnen we bestellen?' vraagt mijn broer. 'Ik rammel van de honger.'

'Zullen we eerst toosten omdat we hier als familie bij elkaar zitten?' vraagt mijn moeder. 'Hadden jullie je vijftien jaar geleden kunnen voorstellen dat we zo in een Duits restaurant zouden zitten?'

'De ober kijkt ons vreemd aan, we moeten bestellen,' zegt mijn vader. 'Hij vindt het natuurlijk niet prettig dat er buitenlanders in de zaak zitten.'

'De volgende keer kunnen we misschien toch beter thuis eten,' fluistert Jan in mijn oor. Ik kijk hem aan.

'Ik wil geen grote portie,' zegt mijn oma. 'Ik krijg mijn appelsap niet eens op.'

Ik knijp onder de tafel in Jans hand.

# 18

Als ik vooraf was gewaarschuwd, had ik anders gerea-
geerd. Als ik vooraf was gewaarschuwd, had ik beslist iets
gezegd. Iets zinnigs gezegd. Iets anders dan 'hallo' met een
veel te hoge stem en daarna heel lang niets meer. Als ik
vooraf was gewaarschuwd, was ik beslist niet gegaan op
de dag nadat mijn verstandskies was getrokken, met een
dikke wang. En dan had ik mijn benen geschoren.
Maar niemand heeft me vooraf gewaarschuwd. Mijn
beste vriendin niet en mijn moeder ook niet, die toch
anders voor elke gelegenheid advies paraat heeft.
Niemand heeft tegen me gezegd dat ex-vrienden er
goed uitzien. Heel goed uitzien. Dat ze charmant zijn, net
zo charmant als in de ver weg gestopte herinneringen,
alleen nog wat charmanter. Dat ze verbazingwekkend lekker ruiken. Niemand heeft me vooraf gewaarschuwd,
niemand heeft tegen me gezegd: 'Anja, pas op, je krijgt
hartkloppingen en je voelt je alsof je in een Hollywood-
film meespeelt, een van die films waar je eigenlijk niet
naar kijkt omdat ze zo afgrijselijk sentimenteel zijn.'
Alleen daarom. Alleen daarom stond ik daar en zei
'hallo', met een veel te hoge stem en daarna heel lang
niets. Alleen omdat niemand me vooraf heeft gewaarschuwd. Ik stond er dus en vroeg me af waarom ik, verdo-
rie, mijn benen niet had geschoren. En dat terwijl ik een
spijkerbroek droeg.
Ik kijk uit het raam van de tram en vraag me af
waarom niemand me vooraf heeft gewaarschuwd. Ik
klamp me aan deze vraag vast, omdat ik niet over de

ontmoeting wil nadenken, dat ik veel te hard praatte en dat we bij de koffie zo hebben gelachen, maar ik wil vooral niet aan zijn glimlach denken en aan zijn geur toen hij me omarmde (twee keer: bij de begroeting en bij het afscheid), en ook niet aan zijn ogen. Ja, ik wil vooral niet aan hem denken.

Ilja.

Ik doe het toch. Ik denk aan Ilja, mijn ex-vriend, en kijk met een onnozele glimlach op mijn gezicht uit het raam van de tram. Ik schaam me voor die grijns, omdat ik geen vijftien meer ben en Ilja mijn ex-vriend is, en blijf grijnzen. 'Je ziet er goed uit,' had hij gezegd (bij de begroeting! Uit beleefdheid?) en: 'Fijn om je te zien' (bij de koffie, en daarbij had hij in mijn ogen gekeken).

Ik moet plotseling aan een zin denken die ik een paar dagen geleden heb gelezen. 'In het leven van iedere vrouw zijn twee mannen: degene met wie ze is getrouwd en degene met wie ze niet is getrouwd.' Ik ben nog niet getrouwd, maar ik heb Jan. En Ilja, de ander, van wie ik later, als ik met Jan ben getrouwd, zal zeggen dat hij degene is met wie ik niet ben getrouwd.

Ilja lachte om mijn dikke wang en zei dat ik eruitzag als een hamster. Maar een schattige hamster. Dat klonk op de een of andere manier lief. Jan heeft gisteren gezegd dat hij ook met een dikke wang van me houdt. Daar werd ik minder vrolijk van.

Stop. Ophouden. Het maakt niet uit wat Ilja zegt.

Hij heeft ook gezegd dat hij blij is dat mijn ogen nog steeds zo glanzend groen zijn. 'Die stralende ogen herinner ik me nog uit het kamp.' Ilja is ook een quotumvluchteling, we hebben elkaar in mijn tweede week in Duitsland leren kennen en hebben het land als het ware samen ontdekt. Kitsch, zeg ik tegen mezelf, dat gepraat over mooie ogen. Stomme kitsch. Daarstraks, in het café, klonk het echter mooi. Ik kijk uit het raam en hoop dat ik snel bij Lara ben, zodat ze me kan uitleggen wat er met me aan de hand is.

Mijn mobiel trilt, ik heb een sms: *Hoe gaat het met je wang? Zal ik vanavond een gemakkelijk door te slikken aardappelcrèmesoep voor je maken? Liefs, Jan.*

Ik heb zo'n lieve vriend.

Ik grijns stom uit het raam van de tram.

Ilja.

# 19

Jan en ik maken ruzie bij de Aldi, preciezer gezegd, we maken ruzie in het gangpad met de blikken. We hebben een auto gehuurd, omdat we een weekend naar de bergen willen, en op vrijdagmiddag gaan we er boodschappen mee doen. 'Tomaten,' zegt Jan. 'We hebben blikken tomaten nodig.' Hij blijft voor de stelling met tomaten staan en vergelijkt de prijzen. Ik sta er met de boodschappenkar naast en zie hoe hij gepureerde tomaten in pak begint in te laden. 'Jan, laten we de blikken nemen,' zeg ik tegen hem. 'Waarom? Die zijn duurder, en je moet ze met een blikopener openen, dit is toch veel gemakkelijker.' Hij stopt niet, maar laadt gewoon verder in. 'Ik hou niet van eten uit karton,' zeg ik.

De asielzoekers uit ons kamp krijgen geen geld, in tegenstelling tot de quotumvluchtelingen, die een bijstandsuitkering krijgen. Ze wachten op een verblijfsvergunning of een uitwijzing.

Eén keer per week komt er een vrachtwagen die het voedsel voor de asielzoekers brengt. Het is dezelfde dag waarop we allemaal schoon beddengoed uitgereikt krijgen. Het is donkerblauw-wit geruit en onaangenaam stijf. Na het beddengoed wordt het eten uitgedeeld en onze ouders gaan weer naar binnen, maar wij kinderen kijken toe bij de voedselverdeling. De asielzoekers staan allemaal voor de vrachtwagen, een man deelt van boven af pakken uit. Mineraalwater in pak, noedels in pak, tomaten in pak, zelfs brood in pak. We zien hoe ze om meer vragen, en zijn dolblij dat wij geld hebben om zelf boodschappen in de supermarkt te doen.

Ik moet aan mijn oma denken, die vaak over de blokkade rond Sint Petersburg tijdens de Tweede Wereldoorlog vertelt. Ze kregen op hun voedselbonnen anderhalf ons brood per dag, verder was er niets te eten. Eén keer verloor het kleine zusje van mijn oma haar bonnetje, maar ze durfde het niet te zeggen. Als mijn oma het niet toevallig had gemerkt en haar brood met haar had gedeeld, had haar zusje die dag niet overleefd. Op verjaardagen lazen ze elkaar hardop recepten uit kookboeken voor, vertelt mijn oma. Elke keer als ik de asielzoekers ongeduldig wachtend bij de vrachtwagen zie staan, met hun handen uitgestoken naar de man boven hen, die het in karton verpakte voedsel uitdeelt, heb ik het beeld van mijn oma voor ogen, die haar rantsoenkaart naar iemand uitsteekt om haar anderhalf ons brood te krijgen.

# 20

Tijdens onze eerste winter in Duitsland word ik ziek. Ik heb een bijholteontsteking, die zich langzaam tot een zware bronchitis ontwikkelt en die bijna de hele winter duurt. 's Nachts kan ik niet slapen en hoest ik zo hard dat ik moet huilen. Mijn familie kan ook niet slapen. We wonen nu al langer dan een halfjaar in het kamp, en iedereen is op van de zenuwen. Het gevoel van verbondenheid onder de joodse immigranten uit Rusland in onze barak, dat hoofdzakelijk is gebaseerd op onwetendheid en onzekerheid over het nieuwe land, is verdwenen. Net als in een schoolklas zijn er groepjes en bondgenootschappen tussen de volwassenen ontstaan en in de keuken, die we met zestig man delen, wordt verbitterd strijd geleverd. Iedereen droomt van een eigen woning.

In de kamer naast ons woont een man wiens vrouw zo'n vijftien jaar jonger is dan hij. Omdat de wanden uit een paar dunne houten planken bestaan, zijn we uitstekend geïnformeerd over het feit dat ze het niet meer uithoudt in het kamp en binnenkort naar Rusland teruggaat als hij geen woning voor haar vindt.

Met mijn hoesten beroof ik hen ook van hun slaap.

'Ik hou het hier niet meer uit!' hoor ik haar op een nacht weer eens zeggen, vertwijfeld, huilerig, bijna als een ontevreden klein kind. Ik hoest al zo zachtjes mogelijk, niet zozeer voor haar, maar eerder om mijn familie niet te storen en te zorgen dat mijn moeder zich niet zoveel zorgen om me maakt.

Wat de man precies tegen zijn vrouw zegt kan ik niet

verstaan, ik hoor alleen minutenlang het gemompel van hun stemmen.

'Nee! Ik kan gewoon niet meer!' roept de vrouw plotseling, ze heeft een heel hoge, onaangename stem. 'Doe er iets aan, anders ben ik weg!'

Een minuut later wordt er op onze deur gebonkt. Mijn vader klimt van het stapelbed en trekt zijn trainingsbroek aan. Ik doe mijn ogen dicht, zodat hij denkt dat ik slaap. Mijn moeder wil ook opstaan, maar mijn vader gebaart naar haar dat ze moet blijven liggen. Hij doet de deur open.

'Uw dochter houdt mijn vrouw uit haar slaap,' zegt de buurman zo hard dat mijn oma nu ook wakker wordt.

'Dat spijt me, maar ze is ziek,' zegt mijn vader. Ik geloof dat hij zich moet vermannen om zo kalm te klinken.

'Ze moet daarmee stoppen. We willen rustig slapen!' De buurman is behoorlijk luidruchtig, zo meteen worden de mensen in de andere kamers wakker.

'Daar kan ze niet mee stoppen. Ze is ziek. Begrijpt u, ze is ziek!' zegt mijn vader.

'Ik geloof dat u uw dochter dwingt om te hoesten, zodat wij niet kunnen slapen, dat geloof ik!' zegt de man.

Mijn vader zegt eerst helemaal niets, mijn oma en ik gaan rechtop zitten, mijn moeder springt overeind en loopt in haar nachthemd naar de deur.

'Wat zegt u daar? Het kind is ziek, ze heeft bronchitis en al dagen koorts die maar niet zakt, en u bedenkt zoiets onzinnigs?' roept ze. Haar stem klinkt schril, alsof ze haar tranen onderdrukt.

Er gaat nog een deur open, onze overbuurvrouw komt ook in de gang staan, maar ik versta niet wat ze zegt. Ik heb weer een hoestbui.

De volgende dag is de nachtelijke ruzie het grote gespreksonderwerp in de keuken. Ik lig boven in mijn stapelbed en mag niet opstaan. Ik mag niemand aansteken, zegt mijn moeder, we hebben al genoeg problemen. Ik lees voor de derde keer hetzelfde boek, hoest zo erg dat mijn longen pijn doen en zie van boven af hoe mijn oma aan tafel zit en in haar boek bladert en bij elke hoestbui haar hoofd schudt en 'ojojoj' zegt. De volgende nacht hoor ik mijn moeder huilen. Over vier dagen is het oudjaar.

Oudjaar is het grootste feest in Rusland. Kerstmis werd in het communistische Rusland niet gevierd, maar Nieuwjaar was des te belangrijker. Dan zijn er versierde dennenbomen en cadeaus. Mijn broer, die hier niet meer woont omdat hij studeert, komt met deze dagen naar het kamp terug. Hij brengt een clown voor me mee, die met zijn hoofd wiebelt en muziek maakt als je hem met de sleutel in zijn rug opwindt. Mijn broer is nu een man van de wereld, die andere Duitse steden heeft gezien. Ik ben enthousiast.

'Het wordt een fantastisch feest,' zegt mijn moeder, die absoluut wil dat hij zich thuis prettig voelt, maar hij merkt toch hoe bedrukt de stemming is, niet alleen in onze familie maar in het hele kamp. Hij koopt vuurpijlen en rotjes, maar op 31 december word ik wakker met heel hoge koorts en het is duidelijk dat ik niet naar buiten mag. 's Middags heeft ook mijn broer zijn pogingen opgegeven om een prettige stemming te creëren.

Tegen zes uur 's avonds wordt er aangeklopt. Ilja staat buiten.

'Op de binnenplaats staat een familie die naar jullie op zoek is,' zegt hij. 'Ze zijn niet van hier.'

We kijken elkaar verbaasd aan. We verwachten geen bezoek en kennen hier ook niemand. Uit pure nieuwsgierigheid gaat het plotseling beter met me, maar naar buiten mag ik niet. De anderen trekken hun jassen aan en lopen allemaal naar buiten, ook mijn oma. Het kamerraam kijkt op de verkeerde kant uit, ik kan de binnenplaats niet zien en ik verga bij de deur bijna van nieuws-gierigheid.

Dan hoor ik wilde vreugdekreten in de gang. Het klinkt als mijn emotionele moeder, die blij kan zijn als een kind, maar ook de stem van mijn vader klinkt vrolijk, vrolijker dan ik in maanden heb gehoord. We hebben bezoek van vrienden uit Sint Petersburg die al een halfjaar in Hessen wonen. Ze hebben van kennissen een auto geleend en maken hun eerste grote tocht door Duitsland, naar ons toe. Ze zijn de eerste echte vrienden die we sinds mei zien, de eerste mensen met wie we niet alleen praten omdat we ze toevallig in het kamp hebben leren kennen.

Oudjaar vieren we met z'n achten in onze twaalf vier-kante meter grote kampkamer, we hebben snel iets te eten tevoorschijn getoverd, ik lig in bed en krijg mijn bord naar boven aangereikt. Mijn vader breekt ergens een den-nentak af en we versieren hem met bonbons. Mijn broer haalt een cd-speler tevoorschijn, en vlak na middernacht schuiven we de stoelen tegen de muur en dansen met z'n allen in het midden van de kamer, ook ik met mijn hoge koorts, en ook mijn oma, die eigenlijk pijn in haar benen heeft.

'Jullie zijn het mooiste cadeau dat we hadden kunnen krijgen. En dit is het mooiste oudjaar dat we hadden kun-nen vieren! Het komende jaar moet net zo mooi worden als deze avond,' zegt mijn heel emotionele moeder later met tranen op haar wangen als we met sekt toosten, maar deze keer verdraait niemand zijn ogen.

# 21

Christa, een heel grote vrouw, heeft de kampkinderen op haar *farm* uitgenodigd, wordt er in de keuken gezegd. Veel meer weten we niet over haar, maar we mogen toch naar haar toe. Ze is lid van een organisatie die asielzoekers probeert te helpen en is daarom naar het kamp gekomen. Toevallig ontdekt ze dat er ook joden uit Rusland verblijven, en ze nodigt de kinderen uit om in de zomervakantie een paar dagen bij haar te logeren. Het blijkt dat ze een boerderij heeft, maar het woord 'boerderij' kent niemand in het kamp, en Christa legt het uit met het begrip *farm*. Dat woord kennen we uit Sovjetpropagandistische verhalen over Amerika, op een farm zijn varkens en koeien, er zijn grote plantages en arbeiders met strohoeden worden uitgebuit door de eigenaar van de farm, een kapitalist.

We gaan met vier kinderen naar Christa toe. Ilja is er een van. De farm is een verrassing: er zijn inderdaad koeien en varkens, die in een stal staan, maar Christa woont met haar gezin in een mooi, groot huis, en niemand draagt een strohoed. Het is het paradijs voor ons.

We mogen tractor rijden, we helpen in de stal en bij het kersen plukken, maken lange wandelingen met Christa's hond en gaan met haar naar het openluchtzwembad, er is geen prikkeldraad en de kampruzies ontbreken, en één keer per dag lopen we naar de kauwgomballenautomaat in het dorp om voor tien pfennig kleurige kauwgomballen te halen. We praten met Christa met handen en voeten, de paar woorden Duits die Ilja kent en mijn Engels, dat ik in Rusland heb geleerd.

Bij Christa wordt in een enorme keuken op de boven-verdieping gegeten. De tafel lijkt eindeloos lang, het gezin en iedereen die op de boerderij werkt, eet hier. De eerste avond eten we braadstuk met aardappelen en salade. We zitten verlegen in een hoek, dicht tegen elkaar aan, ver-staan geen woord van wat er wordt gezegd en eten zwij-gend. De aardappelen zitten in een enorme schaal en als iedereen heeft genomen, zijn er nog een heleboel aardap-pelen over.

In Sint Petersburg waren er zelden goede aardappelen. Als we aardappelen aten, was dat op zondag bij het ont-bijt. Een van mijn vroegste herinneringen heb ik aan mijn vader, die mijn broer en mij op zondagochtend, veel te vroeg, uit bed haalt en meeneemt naar de keuken. Op tafel staat een volle pan in de schil gekookte aardappelen, daarbij eten we haring, voorjaarsuien en zure room, en we drinken kefir. Ik schepte altijd veel te veel op mijn bord, ik was bang dat de aardappelen op waren voordat ik genoeg had gegeten.

Het braadstuk is lekker, maar als ons wordt gevraagd of we nog iets willen, wijzen we allemaal naar de aardap-pelen. Het feit dat we daar net zoveel van kunnen nemen als we willen is zo opwindend dat onze honger niet minder lijkt te worden. We eten ze zonder jus, snijden ze gewoon in stukken en stoppen ze om het hardst in onze mond.

Na het eten staan de volwassenen op om weer aan het werk te gaan en wij blijven met Christa en haar zus aan tafel zitten. 'Willen jullie pudding?' vraagt Christa aan ons. We kennen haar nauwelijks, maar we zijn nu al sta-pelgek op haar. Christa is ongeveer dertig jaar, wat ons heel oud lijkt, maar ze is altijd in voor een grapje. We hoeven geen 'u' tegen haar te zeggen, ze laat ons bij het tractor rijden afwisselend achter het stuur, ze rijdt kron-kellijnen als we met de auto door de velden rijden en bij de rivier besproeit ze ons net zo lang met water tot we allemaal kletsnat zijn en bijna niet meer kunnen staan van het lachen. Ik hoop dat we nooit meer naar huis, naar het kamp hoeven.

We kijken elkaar aan. Nu de andere volwassenen weg zijn, voelen we ons vrijer.

'Wat is pudding?' vraagt Ilja. Wij zijn de twee oudsten en doen ons uiterste best om Duits te leren. 'Christa, wat is dat in het Duits?' vragen we om de beurt, net zo lang tot ze haar ogen verdraait en ook begint te vragen: 'Anja, Ilja, wat is dat in het Russisch?' Tijdens deze zomer leren we haar Russisch lezen.

'Pudding is zoet. Met chocolade, van melk,' legt ze uit. We halen onze schouders op, dat kennen we niet.

'Kook toch gewoon wat,' zegt Christa's zus. 'Alle kinderen houden van pudding.'

De pudding wiebelt en trilt heel erg. Het glibberige spul ziet er voor ons zo ongewoon uit dat we het niet eens willen proberen. Natuurlijk zijn we te beleefd om dat te zeggen. Christa en haar zus zijn in een gesprek verdiept, en wij overleggen in het Russisch. Ilja moet het rare spul als eerste proberen, hij is de oudste. We kijken giechelend toe als hij zijn lepel naar zijn mond brengt en zijn gezicht vertrekt. Ze zijn raar, die Duitsers. Hoe kan het dat er in één en hetzelfde land heerlijke kauwgom en dit zeldzame wiebelende spul bestaat? We werken de pudding met moeite naar binnen.

'Vinden jullie het niet lekker?' vraagt Christa.

'Ja, het is lekker,' zeg ik en ik probeer vergeefs te lachen.

Christa is niet boos. Ze lacht en haalt de pudding van tafel.

'Alles is heel lekker, Christa,' zegt Ilja. 'Alleen de pudding niet.'

'Misschien houden Russische kinderen toch van andere

dingen dan Duitse,' zegt Christa's zus. 'Wat vinden jullie lekker?'

Kauwgom uit de automaat. Dubbele koeken. Waterijs dat eruitziet als een potlood. Kersen rechtstreeks van de boom. Bananen. Alles van de snoepafdeling in de supermarkt.

'Aardappelen,' antwoordt Ilja.

'Dat klopt. Jullie zijn flink op de aardappelen aangevallen,' zegt Christa. 'Willen jullie meer hebben? Ik kan nog wat aardappelen koken.'

We kijken elkaar aan. Je vraagt niet om meer eten als je ergens op bezoek bent. Onze ouders zouden zich voor ons schamen. We knikken alle vier gelijktijdig, heel ijverig. Christa kookt aardappelen voor ons, en daarna zitten we met z'n zessen aan de reusachtige tafel in de keuken, die zo groot is als meerdere kamers in het kamp, en eten aardappelen. We stoppen ze tevreden glimlachend in onze mond, en op een bepaald moment halen Christa en haar zus voor zichzelf ook een bord en eten mee. Deze avond kookt Christa nog twee keer aardappelen.

De volgende dag brengen we buiten in de velden en de stal door, en omdat het 's nachts heeft geregend, zien we er 's avonds uit alsof we in een modderpoel hebben gezwommen.

'Onder de douche met jullie,' zegt Christa, en daarna: 'Of willen jullie in bad?'

In het kamp delen zeventien families één badkamer. Uit Amerikaanse films, onze enige informatiebron over het Westen, weten we hoe een schuimbad eruitziet. Alsof je in de wolken ligt, alsof het schuim een behaaglijke deken is. Heerlijk zacht.

In de badkamer staan we allemaal aandachtig om Christa heen, die rode vloeistof uit een fles in de badkuip laat druppelen. Terwijl het bad langzaam volloopt, blijven we naar het opstijgende schuim staan kijken. Het is net of we ineens in Hollywood zijn beland.

Als ik eindelijk in bad zit, gaat de telefoon. Het zijn onze ouders, die willen weten hoe het met ons gaat. Ze maken zich zorgen, tenslotte weten ze niet zoveel over de grote boerin en wat hun kinderen zoal doen. Ze zijn met z'n allen naar een telefooncel gelopen om ons te bellen. 'Anja!' roepen de anderen. 'Onze ouders aan de telefoon!'

Ik sta in tweestrijd: aan de ene kant wil ik absoluut vertellen hoe fantastisch alles hier op de farm is, aan de andere kant wil ik voor altijd in dit schuimbad blijven. De overborrelende nieuwtjes winnen het. Ik spring uit bad, wikkel me in een van de heerlijke, enorm grote witte handdoeken die Christa voor ons heeft klaargelegd en ren, het tapijt natdruppelend, naar de zitkamer.

'Mama, mama, ik kom net uit een bad met heel veel zeep, zoals in de Amerikaanse film die we hebben gezien, weet je nog?' begin ik te ratelen. 'Echt heel veel schuim! En ik mocht tractor rijden! En gisteren hebben we heel veel aardappelen gegeten!' De andere kinderen trekken de hoorn uit mijn hand, we proberen allemaal tegelijk in de hoorn te schreeuwen en Christa doet ons na, tot we zo hard lachen dat niemand meer iets kan zeggen. Onze ouders weten nog steeds niet precies wat hun kinderen zoal uitvoeren, maar ze weten in elk geval dat het goed met ons lijkt te gaan.

De paar dagen zijn na vier dagen voorbij. Bijna alle kampbewoners staan buiten voor het hek als we terugkomen. Wij vieren klampen ons aan Christa vast en willen haar niet meer laten gaan. De volgende dag spelen we 'bij Christa'.

Vanaf dat moment is Christa het zonlicht dat in ons kamp schijnt. Ze komt elke vrijdag en praat eerst met de asielzoekers, maar daarna komt ze naar onze barak. Wij kinderen trekken haar allemaal naar onze eigen kamer, en ze krijgt minstens vier maaltijden op één avond. Soms neemt ze ons mee voor een weekend op de boerderij, soms gaat ze met ons op stap. We pakken elke vrijdagmiddag onze spullen, in de hoop dat Christa ons meeneemt naar de boerderij, en staan op de hoek van de straat op haar witte VW te wachten. In onze straat bevinden zich alleen het kamp en de lege Amerikaanse kazernes, er slaat nauwelijks een auto in onze richting af. Als ze eindelijk komt roepen we heel hard: 'Christa! Christa!' en rennen de laatste paar meters tot het kamp gelukkig achter haar auto aan.

# 22

Mijn paard heet Mona. Ze is mijn verzorgpaard en is prachtig. Mona hoort bij De Vossenhof, een rijstal die vlak bij mijn school ligt. Ze is donkerbruin en heeft een zwarte staart. Ik moet Mona verzorgen, roskammen en haar stal schoonhouden, maar ik mag gratis op haar rijden. Na een tijdje ben ik er heel goed in.

In de buurt van ons kamp is een manege met een rijschool voor kinderen. Vanaf onze binnenplaats kunnen we de kinderen zien paardrijden, en als er een open dag is mogen we de paarden aaien en voeren. Mijn schoolvriendinnen hebben rijles op de manege. Een van hen heeft daar een verzorgpaard. Ik ga liever naar De Vossenhof, waar Mona woont.

Meestal rijd ik er 's avonds op mijn fiets naartoe, als mijn ouders van hun taalcursus terug zijn en de familie zich in de kleine kamer verdringt. De andere kinderen van het kamp vertel ik niets over Mona. De eigenaars van De Vossenhof vinden het niet goed als er te veel kinderen in de stallen rondlopen. Zelfs Ilja, die toch mijn beste vriend is, weet niets van mijn Mona.

Voor mij is Mona het meest fantastische paard ter wereld, veel mooier dan de paarden op de manege.

Mona is een betonnen buis op ons schoolplein.

# 23

Mijn moeder volgt een omscholingscursus van ingenieur tot boekhoudster. Een omscholing waarbij ze erop achteruitgaat dus. Maar ze is over de vijftig en bij het arbeidsbureau hebben de ambtenaren tegen haar gezegd dat ze als boekhoudster meer kans heeft op een baan. Mijn moeder is de beste van haar cursus. Als ze thuiskomt, windt ze zich op over haar medecursisten, die niet met breuken kunnen rekenen en voor elk proefwerk bijna in tranen zijn. Mijn moeder is geen genie, maar wiskunde was in Rusland het belangrijkste schoolvak. 's Avonds maakt ze haar huiswerk, ze gaat in onze kamer aan de tafel zitten, die dienstdoet als eet-, schrijf- en bewaartafel, en rekent vlijtiger dan ik in mijn vierde klas. Ik vind het grappig.

Mijn moeder schrijft ijverig in haar schriften. De schriften stammen uit Rusland, waar maar één soort schriften te krijgen was, vierkant, ergens tussen DIN A4 en DIN A5, en altijd sla-groen.

Aan het eind van de cursus, de eindexamens zijn voorbij en mijn moeder heeft een tien gehaald, stapt er een leraar op haar af. Hij zegt: 'U bent een intelligente vrouw, ik vond het fijn om u in de klas te hebben. En ik heb een vraag aan u, die me al maanden bezighoudt. We hebben hier veel opgeschreven en gerekend en veel schriften versleten, en u hebt altijd van die grappige Russische schriften meegenomen, die niet op lijken te raken. Ik heb me afgevraagd wat ik zou meenemen als ik ging emigreren. Ik zou mijn lievelingsboeken meenemen en foto's en kleding voor alle jaargetijden. Maar hoe komt iemand erop om lege schoolschriften mee te nemen?'

Een goede vraag. Wat neem je mee als je van Rusland naar Duitsland emigreert? Wat neem je mee als je naar een land emigreert waar je nog nooit bent geweest, als je niemand kent die het ooit heeft gezien? Wij behoorden tot de eerste golf emigranten. Er gingen geruchten. Handdoeken en schriften zijn heel duur in Duitsland. Een schrift kost een Russisch maandloon. Toen we in Duitsland aankwamen, werd ons al snel duidelijk dat de meeste artikelen meerdere Russische jaarlonen kosten.

We hebben in Rusland gehoord dat een schrift een Russisch maandloon kost, daarom hebben we uit voorzorg een stapeltje meegenomen. Hoe hoog een Duits maandloon is, heeft niemand ons verteld.

# 24

'Het was een fantastische middag,' zegt Ilja bij het afscheid en hij geeft me een kus op mijn wang. 'Fantastisch,' fluistert hij nog een keer, terwijl zijn wang de mijne lichtjes aanraakt, ik ruik zijn aftershave.

Ik kijk naar hem op, wil eigenlijk in zijn ogen kijken, maar de zon schijnt recht in mijn gezicht en ik knipper.

'Ik vond het ook heel leuk,' antwoord ik en ik knijp mijn ogen dicht.

'Dat moeten we absoluut nog een keer doen,' zegt Ilja. We hebben voor de tweede keer met elkaar afgesproken en drie uur aan één stuk door gekletst.

Hij kijkt op zijn horloge. 'Ik moet gaan,' zegt hij, blijft dan toch staan en kijkt recht in mijn ogen. 'Met jou gaat de tijd altijd zo snel.'

Ik kijk hem aan en probeer niet te knipperen.

'Ik moet nu echt gaan,' zegt Ilja nog een keer, draait zich om en doet zijn fiets van het slot.

'Ik ook,' antwoord ik, hoewel ik niets speciaals van plan ben, en om het moment te rekken vraag ik: 'Waar moet je zo dringend naartoe?'

'Naar mijn vriendin,' zegt Ilja. Hij springt op zijn fiets, kijkt in mijn ogen en glimlacht: 'We hebben gisteren ruzie gehad en nu wil ik haar afhalen en bloemen geven.' Hij glimlacht terwijl hij dat zegt, zoals hij de hele middag heeft geglimlacht, dan zwaait hij nog een keer naar me, keert en roept tijdens het wegfietsen: 'Tot gauw! Ik bel je!'

Ik blijf staan.

Naar mijn vriendin, heeft hij gezegd.

Eerst was Ilja mijn beste vriend. Mijn allerbeste vriend. We leerden elkaar in het vluchtelingenkamp kennen, hij was een jaar ouder dan ik. We leerden samen Duits, reden samen naar school, maakten samen huiswerk en speelden daarna samen op de binnenplaats van het kamp, leenden dezelfde boeken in de bibliotheek, en als we de ruzies en de sfeer in het kamp niet meer uithielden, maakten we samen lange fietstochten. Als we ver genoeg bij het kamp vandaan waren, stapten we van onze fiets, gingen in het gras liggen en stelden ons voor hoe ons leven later zou zijn. Ilja wilde piloot worden en de hele wereld bereizen. Na een halfjaar in Duitsland begonnen we Duits met elkaar te praten, dat onderscheidde ons van de anderen in het kamp en maakte onze band nog hechter.

Toen ik twaalf was en Ilja dertien kreeg ik mijn eerste kus van hem. Het was Christa's schuld. We waren met z'n vijven voor een weekend bij haar en toen Ilja en ik van een wandeling met de hond terugkwamen, plaagde ze ons: 'Nou, wat is er met jullie aan de hand? Jullie zijn altijd met z'n tweeën. Zijn jullie soms verliefd?'

Ilja en ik keken elkaar aan. 'Wat is verliefd?' vroeg ik. We kenden dat Duitse woord allebei niet.

'Verliefd is als je alleen nog samen wilt zijn, zoals jullie twee. En als je elkaar kust,' legde Christa uit.

Dat beviel de andere drie kinderen, die jonger waren dan wij. 'Anja en Ilja zijn verliefd!' giechelden ze een dag lang en ze beloofden ons allebei een ijsje als we elkaar zouden kussen. Ilja en ik waren omkoopbaar.

Na de kus meden we elkaar. Ik weet niet meer wie ermee begon, maar we vonden de kus allebei pijnlijk. De andere kinderen vertelden het overal in het kamp rond, en in de keuken werd ik vanwege mijn zogenaamde liefdesverdriet door de volwassenen beklaagd. Ik reed alleen op mijn fiets door de omgeving en miste Ilja, die me normaal gesproken met mijn Duitse huiswerk hielp. Als we elkaar in de gang van de barak tegenkwamen, knikten we alleen naar elkaar.

Het duurde twee weken voordat we over de kus heen waren. Ik paste in het kamp op een kleine jongen, omdat zijn ouders naar een cursus Duits waren, en was buiten met hem aan het ballen. Toen Ilja uit school kwam en op weg naar de barak langsliep, gooide de kleine jongen de bal naar hem toe en vroeg of hij wilde meespelen. Ilja aarzelde even, liet zijn rugzak op de grond vallen en pakte de bal. Tijdens het spelen vroeg hij of we weer samen zouden fietsen. De wereld was weer goed, over de kus praatten we niet.

Ilja's vader was de eerste die een baan vond. Het gezin verhuisde naar Stuttgart, een afstand van veertien kilometer, die destijds onoverkomelijk leek. Bellen konden we niet, in het kamp was geen telefoon. Zijn ouders wilden het kamp zo snel mogelijk vergeten en kwamen niet meer terug, Ilja en ik verloren elkaar uit het oog.

Toen we elkaar terugzagen was ik vijftien. Het was Christa's schuld. Ik was het contact met haar nooit verloren, ze kwam met regelmatige tussenpozen bij me langs en op een dag stelde ze voor om alle kampkinderen op te bellen en iets met elkaar te gaan doen, omwille van de oude tijd. Het was winter en we gingen schaatsen.

Ilja was met zijn donkere ogen en schattige zwarte krullen als kind al mooi geweest, misschien een beetje te slungelachtig. Als zestienjarige tiener was hij een absoluut meisjesidool. Ik was bang geweest dat we elkaar niets meer te vertellen hadden, dat het raar zou zijn om mijn beste vriend van toen terug te zien, maar het was meteen heel vanzelfsprekend. Hij sprak inmiddels vlekkeloos Duits en had zich, net als ik, ontwikkeld tot een Duitse jongere. De inmiddels verre herinneringen aan het kamp en aan Rusland hadden we ergens diep vanbinnen begraven. We wisselden telefoonnummers uit. Ilja belde niet.

Ik belde hem ook niet, maar ik belde Christa om haar te vertellen dat ik het schaatsen heel leuk had gevonden en dat we zoiets wat mij betreft graag mochten herhalen. Christa was nog altijd in voor een grapje. 'Komt dat door Ilja? Vind je hem leuk?' vroeg ze.

Twee weken later nodigde ze ons allemaal uit. We aten fondue en speelden Uno, net als vroeger. Op weg naar huis praatten we over een bioscoopfilm, en Ilja vroeg of ik zin had om er samen met hem naartoe te gaan.

Ik had mijn beste vriend terug. We zagen elkaar een paar keer per week. Eén keer nam Ilja zijn fiets mee naar Ludwigsburg, we fietsten door de velden waar we vroeger altijd reden, als we de situatie in het kamp wilden vergeten. De fietsen van de vlooienmarkt waren inmiddels dure mountainbikes geworden en de afstand van destijds kwam ons verbazingwekkend kort voor. We gingen naar feestjes en dansten met elkaar, al mijn vriendinnen vonden Ilja 'zó lief', en hij zei steeds vaker dat hij dolblij was dat hij zijn beste vriendin terug had. Op een feest rotzooide hij met een meisje uit zijn klas, daarna huilde ik de hele nacht.

Ilja was een geweldige, maar onbetrouwbare beste vriend. Na een fijne gezamenlijke dag kon hij me heel stevig omhelzen, tegen me zeggen dat hij me zou missen en de volgende dag zou bellen, om dan twee weken niets van zich te laten horen. Ik leed eronder, maar ik leed nog meer onder zijn voortdurende verzekeringen dat we zulke goede vrienden waren. Hij flirtte met me, wat echter niets te betekenen had, omdat hij met iedereen flirtte. Als hij gedronken had, omhelsde hij me vaak en pakte mijn hand, maar de volgende dag waren we weer platonische beste vrienden. Een paar keer wilde hij me aan een vriend van hem koppelen. Mijn vriendinnen zeiden dat ik iemand anders moest zoeken, hij was het niet waard, maar ik bleef bij de telefoon zitten wachten tot Ilja me wilde zien.

In de zomervakantie liftte hij door Engeland. Ik kreeg een kaart van hem, waarop stond dat hij me miste en dat ik het daar leuk zou vinden, ik hing hem boven mijn bed. Een week later kwam er een brief, waarin hij een kleine mossel had gestopt, en een polaroidfoto waarop hij samen met een blond meisje op het strand te zien was. Op de achterkant stond: 'Dit is Lauren en ik heb heel veel plezier met haar!' Hij had er een smiley naast getekend. Die zomer had ik voor het eerst seks, met een jongen die mij veel leuker vond dan ik hem. Ik wilde Ilja kwetsen, maar na afloop voelde ik me nog beroerder.

Toen Ilja terugkwam, raapte ik al mijn moed bij elkaar en vroeg hem of hij zich kon voorstellen dat we verliefd op elkaar werden. Hij antwoordde dat hij daarover nog nooit had nagedacht. Hij haalde dat de volgende dagen in, want de week daarop nodigde hij me één keer uit voor het theater, één keer voor een etentje en één keer voor de bioscoop, en het weekend daarna verraste hij me met een picknick. We kusten elkaar voor het eerst op een grasveld bij een meer. Het was een lange, tedere kus, en op de terugweg was ik zo bedwelmd en gelukkig dat ik de verkeerde tram nam.

We waren zo verliefd als je alleen op je zestiende kunt zijn. Mijn moeder glimlachte erom, zuchtte en dacht veel aan haar eigen jeugd, maar zelfs dat kon me niet schelen. Ilja nam bloemen voor me mee en maakte me aan het lachen. Hij gaf me zelfgemaakte romantische cadeaus en een ketting met een groen hart voor mijn verjaardag. 'De kleur past bij je mooie groene ogen,' zei hij, en ik deed de ketting niet meer af. Op een nacht gooide hij steentjes tegen mijn raam, en toen ik opgewonden en bezorgd naar beneden sloop, zei hij dat hij me zo had gemist dat hij het niet uithield tot de volgende ochtend. De seks met hem was fantastisch.

De verliefdheid duurde vijf maanden. Daarna bleven we

nog twee jaar bij elkaar. Ilja flirtte weer met ieder meisje en belde me dagenlang niet. Hij vergat onze afspraken en verontschuldigde zich dan door voor me te koken en het eten romantisch in een hartvorm op het bord te serveren. Eén keer betrapte ik hem toen hij een ander meisje zoende. We gingen een paar keer uit elkaar en besloten beste vrienden te blijven. Een paar dagen later belandden we dan weer in bed en was ik voor korte tijd gelukkig. 'Hij is niet goed voor je,' zeiden mijn vriendinnen, maar ik reageerde niet.

Ik reageerde pas toen hij me een paar dagen voor onze gezamenlijke vakantie vertelde dat hij helaas moest afzeggen, omdat hij de mogelijkheid had om met een kennis door het Zuid-Amerikaanse regenwoud te trekken. Ik had nog nooit zoveel liefdesverdriet gehad, maar ik was deze keer zo gekwetst dat ik niet meer naar hem terugging. Daarna verloren we elkaar opnieuw uit het oog.

# 25

Ik praat er met Lara over. We zitten op het tapijt in haar kamer en eten chocolade-ijs. Lara's kleed is wit en ik hoop dat mijn ijs niet drupt. Haar kamer is altijd zo schoon en opgeruimd dat het me soms bang maakt. De tijdschriften op de tafel liggen zo netjes op elkaar gestapeld dat ik me afvraag of ze op alfabet zijn gesorteerd, net als haar cd's en boeken. Zoveel ordelijkheid kan toch niet gezond zijn.

'Wat heeft hij allemaal verteld?' vraagt Lara.

'Niets bijzonders, wat hij de laatste jaren heeft gedaan. Hij heeft erg veel gereisd. Hij heeft een wereldreis gemaakt, en heeft een jaar in Parijs en een jaar in Nieuw-Zeeland gewoond,' vertel ik.

'Dat klinkt als een onrustige natuur,' zegt Lara.

'Dat is Ilja ook.' Ik denk aan onze relatie terug en aan zijn voortdurende angst om iets te missen.

'Hij is iemand die alles wil en alles krijgt wat hij wil,' zeg ik tegen Lara.

'Pas dan maar op dat hij jou niet krijgt,' antwoordt ze.

'Dat gebeurt niet,' zeg ik, iets te snel en iets te hard.

'Wat is er zo fantastisch aan hem? Wat heeft hij dat Jan niet heeft?'

'Hij … hij is gewoon heel opwindend. Ik heb hartkloppingen als ik hem zie. Met Jan is alles fijn, maar zo … overzichtelijk fijn,' zeg ik.

'Maar je weet toch dat de hartkloppingen in een lange relatie ontbreken,' zegt Lara.

'Ja, in theorie. Maar met Ilja is het probleem heel reëel,' antwoord ik. Op dat moment gaat mijn mobiel.

'Doe je moeder de groeten,' zegt Lara.

'Ik moet opnemen, ik heb haar daarstraks al een keer weggedrukt,' zeg ik.

'Waarom nam je niet op?' vraagt mijn moeder zodra ik 'hallo' zeg.

'Ik zat in een café en was midden in een gesprek.'

'Met wie?'

Ik verdraai mijn ogen tegen Lara. 'Met Ilja.'

'En waarom neem je niet op als je bij Ilja bent, maar neem je altijd op als je bij Jan bent?'

Ten eerste, mama, als je eens wist hoe vaak Jan en ik de telefoon laten overgaan en net doen alsof we niet thuis zijn! En ten tweede zou ik het antwoord op je vraag zelf ook graag willen weten.

'Dat was gewoon onbeleefd geweest,' zeg ik hardop.

'Je kunt overal met me over praten,' zegt mijn moeder.

'Er is niets waarover ik hoef te praten. We hebben koffiegedronken.'

'En wat heeft Ilja allemaal gezegd?'

'Hij dacht dat ik misschien een baan kon krijgen bij het Russische reisbureau waarvoor hij werkt. Jullie hebben toch destijds die stadsrondleiding gedaan?'

'En ga je solliciteren?'

'Ik denk het wel. Mama, zullen we daar een andere keer over praten? Ik ben nu bij Lara. Waarom belde je?'

'Heb ik een reden nodig om mijn dochter te bellen?'

'Nee, natuurlijk niet.'

Ik gebaar naar Lara, ze kan zich weer verdiepen in het boek dat ze aan het lezen was toen ik binnenkwam. Het wordt een lang gesprek.

# 26

Buiten regent het. Ik kijk uit het raam in de duisternis, de regen valt schuin uit de hemel, roffelt tegen het raam en spat van de grond omhoog. Ik ben blij dat ik in dit weer niet achter het stuur van een auto zit. Het regent al twee uur en het ziet er niet naar uit dat het snel zal stoppen. Een perfect moment om met een warme deken, hete thee en chocoladekoekjes thuis te zitten. Ik zie mijn fiets beneden aan een lantaarnpaal geketend staan en alles in me komt ertegen in opstand om naar beneden te gaan, op het kletsnatte zadel te gaan zitten en een halfuur naar huis te fietsen. Maar het is halftwaalf en ik moet zo weg.

Ik ben bij Ilja. Hij is in de keuken en maakt iets te eten voor ons, omdat ik honger heb. Hij belde me tegen zevenen, toen ik net in bad lag. Jan is op bezoek bij een vriend in Hannover en ik had me op een gemakkelijke avond voor de televisie verheugd – met een warme deken, hete thee en chocoladekoekjes. Ik had een boek en een glas versgeperst sinaasappelsap naar de badkamer meegenomen en liet heet water in bad lopen, waar ik mijn voeten onder hield tot ze rood waren. Toen mijn mobiel ging, draaide ik de kraan dicht. Hete damp steeg op. Ik neem altijd zowel mijn mobiel als onze vaste telefoon mee naar de badkamer, uit angst dat ik een telefoontje mis, wat Jan irriteert. 'Kun je je niet gewoon ontspannen als je eindelijk eens een bad neemt?' vraagt hij en hij schudt zijn hoofd. Alsof hij mijn vader is.

'Wat ben je aan het doen?' had Ilja gevraagd. Ik had zijn naam niet op de display gezien en ik ging verrast zitten toen ik zijn stem hoorde. Water spatte op de grond en op mijn badjas, die ik voor het bad had gelegd.

'Ik zit net in bad en neem het ervan,' antwoordde ik, veel te blij verrast.

'Hm...' had Ilja gemompeld, waarmee hij me aan het lachen maakte. Waarom lachte ik?

'Wat hm?' vroeg ik.

'Jij in bad, dat is alles. Wat doe je vanavond?' Hij flirtte. Dat beviel me.

'Niets bijzonders. Ik heb een rustige avond.'

'Goed, dat wilde ik ook. Laten we met elkaar een rustige avond doorbrengen. Bij mij. Ik kook voor je.' Ik had sinds onze afspraak in het café niets meer van Ilja gehoord. Hij klonk energiek en levenslustig.

'Hoe zit het met je vriendin? Heeft zij geen behoefte aan een fijne, rustige avond met haar vriend, die voor haar kookt?' had ik gevraagd. Ik probeerde tijd te winnen: mag ik een avond met mijn ex doorbrengen als mijn vriend er niet is? En ik was natuurlijk nieuwsgierig naar het antwoord op de vraag die ik mezelf al dagenlang stelde: wie, verdomme, is zijn vriendin?

'Nee, ze wil niet,' had Ilja heel kort geantwoord, en hij had me overgehaald om te komen. Op dat moment regende het nog niet. Mijn slechte geweten tegenover Jan had zich even gemeld, maar ten slotte is Jan altijd blij als ik iets met andere mensen onderneem. Het slechte geweten kwam later nog een keer terug en maakte me zenuwachtig toen ik me opmaakte, dus stuurde ik Jan een sms'je, waarin ik hem veel plezier in Hannover wenste, schreef dat ik hem miste en vermeldde dat Ilja me had uitgenodigd om te komen eten en dat ik zijn uitnodiging had aangenomen, omdat onze koelkast leeg was. Gevolgd door een smiley. Dat met de koelkast was gelogen. Dat was alleen zodat hij zich geen zorgen maakte, vertelde ik mijn slechte geweten. Alleen ter bevestiging van de waarheid. Ik verstuurde het bericht.

Nu sta ik bij het raam en kijk naar de regen. Ik wil niet naar buiten, ik wil niet midden in de nacht in dit weer fietsen, maar ik moet. Moet ik? Kan ik hier niet blijven slapen? We zijn toch allemaal volwassen? Nee, dat kan niet. Ilja is mijn ex-vriend. Jan zou het niet prettig vinden. Ilja's vriendin zou het niet prettig vinden. Zou ik het prettig vinden? Het is immers alleen om de regen, ik word nat, ik word verkouden, het is koud, donker, afschuwelijk buiten.

De deur gaat open en Ilja komt binnen met een enorm bord noedels met veel kaas erop, zoals ik het lekker vind. De rand van het bord is met kruiden versierd en in het midden prijkt een uit radijsjes gevormde A. Ilja is een perfectionist die schoonheid weet te waarderen. Voor het avondeten hadden we kipcurry gegeten, daarna had Ilja een joint voor ons gedraaid. Ik krijg altijd honger van blowen. Ilja zet het bord in het midden van de kamer op de grond. Het is hier krap, hij woont in een studentenkamer van twaalf vierkante meter, waarin alleen een bureau met een stoel, een bed en een inbouwkast past.

'Ik heb er nog een voor ons gedraaid,' zegt hij en hij klopt naast zich op de grond, ik moet gaan zitten.

'Ik ga zo weg,' zeg ik terwijl ik me naast hem laat vallen. 'Het kost me minstens een halfuur om thuis te komen, en met die regen duurt het vast nog langer.'

'Je kunt in dit weer toch niet fietsen! Het giet. En je hebt niet eens een jas bij je.' Dat klopt, ik heb geen jas bij me, denk ik, en ik vraag me af of dat een uitnodiging was om vannacht te blijven.

'Ik kom wel thuis op de een of andere manier,' antwoord ik.

Ik wil hier trouwens helemaal niet slapen.

'Je kunt gerust hier blijven,' zegt Ilja met de joint die hij net wil opsteken tussen zijn tanden. Hij kijkt me niet aan.

'Waar moet ik dan slapen? Jij past alleen al bijna niet in je bed.' Ilja's bed is smal, negentig centimeter maar, daar passen geen twee personen in. Geen twee personen die niet dicht tegen elkaar aan willen slapen.

'Ik heb een slaapzak, ik kan op de grond slapen. Jij krijgt het bed,' zegt Ilja. Ilja, de gentleman. Hij kijkt me vragend aan en knipoogt naar me: 'Wat is er? Ben je bang voor me? Ik beloof je met mijn hand op mijn hart dat ik je niet zal aanraken. Heel groot erewoord.' Hij glimlacht naar me, alweer die glimlach. Ondeugend, charmant, uitdagend. Ik glimlach terug, omdat ik bij hem altijd moet teruglachen, ik kan niet anders.

Ik ben niet bang. Niet voor hem. Misschien een beetje voor mijn slechte geweten.

'Ik ben niet bang,' zeg ik koppig. 'Maar wat zegt je vriendin ervan?'

Op dat moment gaat mijn mobiel. Het is Jan en ik neem op. Ik moet opnemen, omdat het slechte geweten op de loer ligt en ik het wil bewijzen dat het kan vertrekken.

'Hallo!' Ik sta op, loop naar het raam en ga met mijn rug naar Ilja staan, zodat hij niet alles hoort.

'Hallo! Nou, hoe is het met je?'

'Met mij is het goed. En met jou? Hoe is Hannover?'

'Je kent Hannover. Maar het is leuk met de jongens. Ik wilde alleen even gedag zeggen en vragen hoe het met je gaat.' Jan klinkt goedgehumeurd.

'Met mij is het goed,' zeg ik en ik draai me even naar Ilja om. Hij bladert in een televisieblad. 'Ik ben nog steeds bij Ilja. We hebben heel lekker gegeten en een beetje geblowd. Met zijn huisgenoten.' Voor de eerste joint klopt dat ook.

'O, geblowd! Heeft het gewerkt?' Ik blow eigenlijk niet graag. Het werkt bij mij niet. Ik krijg erna alleen ontzettende honger.

'Je kent me toch, ik heb honger als een paard gekregen. We zouden net noedels met kaas gaan eten,' vertel ik Jan.

'Nou, dan zal ik jullie niet langer bij het eten storen. Ik wilde alleen even zeggen dat ik jou ook mis.'

'Insgelijks,' fluister ik en ik kijk naar Ilja, die nog steeds in het tijdschrift bladert. De regen slaat onveranderd hard tegen het raam.

'Hoe is het weer bij jullie?' vraag ik aan Jan.

'Goed, waarom?'

'Hier regent het heel erg. Zo erg dat het water van de grond opspat, je weet wel.' Ik weet niet waarom ik dat vertel.

'O, ben je op de fiets? Arme jij! Kun je niet gewoon bij Ilja slapen? Het is toch een heel eind fietsen?'

Zo eenvoudig is het dus.

'Misschien. Het kost me minstens een halfuur om thuis te komen. Ilja heeft ook voorgesteld dat ik hier blijf. Ik wacht af of de regen stopt.'

'Goed. Ik wens jullie in elk geval nog een fijne avond! Ik denk aan je,' zegt Jan bij wijze van afscheid. Jan, liefdevol en zorgzaam, Jan, die me voorstelt dat ik bij mijn ex-vriend blijf slapen, zodat ik niet in de regen naar huis hoef te fietsen.

'Jij ook nog veel plezier!' zeg ik. Ik wil er eigenlijk nog 'ik hou van je' aan toevoegen, maar als ik nog nadenk of ik dat echt zal zeggen, met Ilja een halve meter bij me vandaan, heeft Jan al opgehangen. Het slechte geweten meldt zich weer, maar ik duw het weg. Jan houdt niet van lange liefdesverklaringen, Jan heeft gezegd dat ik hier moet slapen.

Ik ga bij Ilja op de grond zitten, pak een vork en pik de radijsjes eruit. Radijsjes zijn mijn lievelingsgroente en ik vraag me af of Ilja dat nog weet. Ze passen tenslotte eigenlijk niet bij noedels.

'Alles oké met jullie?' vraagt Ilja en hij geeft me de joint.

'Ja, natuurlijk. Wat zou er niet oké moeten zijn?' vraag ik hem en tegelijkertijd mezelf.

Ilja kijkt me glimlachend aan, hij zit veel te dicht naast me, en zegt: 'Dan is het goed.'

'Ik geloof dat ik je aanbod toch aanneem en hier blijf. Weet je zeker dat het je niets uitmaakt om op de grond te slapen?' zeg ik na een stilte waarin ik al mijn aandacht aan het eten heb geschonken om niet meer naar Ilja te hoeven kijken.

'Mademoiselle, het is me een eer om u te herbergen,' zegt Ilja, zo charmant als alleen hij dat kan, en ik glimlach naar hem, omdat ik niet anders kan en antwoord: 'U bent zo attent, meneer, attent en charmant.'

We eten noedels en roken de joint, praten een beetje en zwijgen veel, ik word steeds slaperiger, zo slaperig dat het me allemaal niets meer kan schelen. Mijn slechte geweten is ook moe, in elk geval zegt het niets meer.

Ilja biedt me een glas wijn aan, maar mijn ogen vallen dicht en ik bedank.

'Ik geloof dat er iemand heel dringend naar bed moet,' zegt hij, hij staat op, pakt mijn handen en trekt me omhoog. Ik ben duizelig, van vermoeidheid en van de joint, en Ilja trekt veel te hard, zodat ik wankel en tegen hem aan val. Hij vangt me op, mijn hoofd komt tot zijn borst, hij is bijna één meter negentig lang en hij ruikt heerlijk. Ilja lacht, tilt mijn hoofd bij mijn kin op en vraagt: 'Leef je eigenlijk nog?'

Ik knik en weet dat ik nu zelf kan staan, dat ik een stap naar achteren moet doen, maar het voelt goed en Ilja houdt me vast en kijkt me aan, nog steeds glimlachend. Ik zie zijn ogen, de bruine ogen die zo prachtig glanzen, maar daar denk ik niet aan, en ik dwing mezelf om een stap naar achteren te doen.

'Ik ben gewoon doodmoe.'

Ilja verschoont het beddengoed, ook al protesteer ik, en biedt me een van zijn T-shirts aan. Terwijl ik me omkleed brengt hij het lege noedelbord naar de keuken, Ilja, de gentleman. Als hij terugkomt lig ik al in bed, onder de heerlijk warme deken, zelfs voor tanden poetsen ben ik te moe, hoewel Ilja me een splinternieuwe, nog verpakte tandenborstel heeft aangeboden. Ilja haalt een slaapzak onder het bed vandaan en kleedt zich uit terwijl ik naar de muur staar, die babyblauw is geschilderd, en hem over onze kleurige muren vertel, ik praat om te praten, om niet naar Ilja te hoeven kijken, die zich uitkleedt, zodat het moment niet romantisch wordt.

Met Ilja is eigenlijk alles romantisch.

'Ik geloof dat je heel dringend moet slapen. Je kunt niet eens meer duidelijk praten,' zegt Ilja, en ik denk dat hij gelijk heeft, dat het goed is, dat slapen goed is, slapen en morgen vroeg opstaan, op mijn fiets gaan zitten, naar huis fietsen en Jan 's avonds van het station halen, zoals het hoort. Slapen dus, maar Ilja gaat vlak bij mijn hoofd op het bed zitten en trekt de deken tot mijn schouders op.

'Is het warm genoeg?' vraagt hij.

'Heerlijk,' antwoord ik. En dan, zonder dat ik erover nadenk: 'Ik mis alleen een nachtzoen.' Ik weet niet waarom ik dat zeg en ik wil het meteen weer terugnemen, wat niet gaat, mijn hart bonkt en plotseling ben ik klaarwakker.

'Natuurlijk krijg je die,' zegt Ilja helemaal niet verbaasd, en hij geeft me een kus op mijn wang, heel snel.

'Twee zelfs,' voegt hij eraan toe, zijn gezicht is nog steeds vlak boven me, ik lig op mijn zij en houd mijn ogen dicht. Hij geeft me nog een kus, heel vriendschappelijk, weer op mijn wang.

Het slechte geweten zit op de andere kant van het bed.

Ik negeer het en zeg: 'En een derde? Krijg ik ook nog een derde?'

'Natuurlijk,' zegt Ilja. Zijn stem klinkt heel normaal, terwijl de mijne beslist trilt, hij klinkt niet anders dan eerder op de avond, zelfverzekerd en charmant. Hij geeft me nog een kus en vraagt: 'Wil je er nog een?' Ik knik, zo goed als dat liggend gaat, ik wil niets meer zeggen omdat ik mezelf niet vertrouw, Ilja geeft me nog een kus op mijn wang en ik weet dat ik me nu moet omdraaien zodat hij me echt kust, op mijn mond.

Ik draai me niet om.

Ik blijf liggen en na een tijdje staat Ilja op, gaat in zijn slaapzak liggen en wenst me welterusten. 'Je bent immers al heel lang in slaap aan het vallen. Slaap lekker en droom iets moois,' zegt hij. Kalm en zelfbewust. Alsof er niets aan de hand is.

Maar ik ben nu wakker, klaarwakker, en denk na. Over Jan, die in een kroeg in Hannover zit en beslist aan me denkt, over Ilja, die ergens naast het bed ligt, zo dichtbij dat ik alleen mijn hand hoef uit te steken om hem aan te raken – waarom zou ik? – en over mezelf, omdat ik me niet heb omgedraaid. Ik lig te woelen en kan niet slapen, ik maak me zorgen over mezelf en mijn gevoelens. Het slechte geweten zit naast me en slaapt ook niet.

Dan herinner ik me de joint, en alles is ineens duidelijk: het kwam door het blowen, meer was het niet. Het kwam alleen door het blowen, zeg ik tegen mijn slechte geweten.

We vallen allebei in slaap.

# 27

Ik zit bij de tandarts en ben bang. Hij is nog niet eens in de behandelkamer en zijn assistente heeft me net een papieren slab omgebonden, maar ik ben toch al bang. Het is een nieuwe tandarts, ik ben nog nooit in deze praktijk geweest. Ik wissel na elk bezoek van tandarts, omdat ik alle volgende behandelafspraken net zo vaak afzeg tot ik er niet meer naartoe durf te gaan. Nu doet mijn kies al twee weken pijn en ik heb de nieuwe tandarts, op wiens behandelstoel ik nu zit, in het telefoonboek opgezocht. De tandarts blijkt vriendelijk, jong en voorzichtig te zijn. Hij onderzoekt mijn gebit, mompelt iets van 'boven achter links' in de richting van zijn assistente, en ik bereid me in gedachten al voor op het geluid van de boor, maar dan zegt hij: 'We maken eerst een röntgenfoto van uw tanden, daarna zien we verder.'

Een röntgenfoto is goed. Alles, wat geen op boren lijkende geluiden maakt, is goed. Zolang ik dat hersenslopende gekrijs niet hoor, blijf ik kalm.

Later heeft de tandarts mijn röntgenfoto in zijn hand, draait hem om en kijkt me vragend aan.

'Er ontbreken vier kiezen.'

'Ja, ik weet het.' Kan ik nu gaan?

'Hoe komt dat?'

'Die zijn getrokken toen ik elf was.' Ik moet nu echt weg, en mijn kies doet ook helemaal geen pijn meer.

'Op je elfde? Maar waarom? Toen waren je kiezen toch nog gezond?'

'Mijn tandarts vond het nodig. Daarna kreeg ik een

beugel, zodat de andere kiezen naar elkaar toe schoven en de gaten niet meer te zien waren.' Het is een lang verhaal, dat ik graag zou vertellen als ik niet in deze rare stoel zat en was omringd door die afgrijselijke tandartslucht.

De tandarts kijkt me nog een keer vragend aan en ik geloof dat ik woede in zijn blauwe ogen zie, blinde woede, die hij zo met behulp van de boor op me gaat afreageren. Hij glimlacht echter alleen, zegt dat ik een gat in mijn kies heb (daar was ik al bang voor) en dat hij moet boren.

'Het is een flink gat, we moeten u dus een injectie geven. Wilt u het meteen laten doen of tot de volgende keer wachten?' Ik weeg de hevigheid van de kiespijn af tegen mijn angst voor de boor en besluit om de behandelkamer zo snel mogelijk te verlaten.

In de wachtkamer wacht Jan op me, hij heeft zich onder protest laten meeslepen. De vriendelijke tandarts begeleidt me naar buiten en geeft zowel mij als Jan een hand.

'Weet u dat uw vriendin vier kiezen mist?' vraagt hij aan Jan, nog steeds verbaasd.

'Heb je verteld hoe dat komt?' vraagt Jan. Hij kan zich daar mateloos over opwinden.

Het kamp gaat naar de tandarts. Omdat niemand van ons ooit bij een Duitse tandarts is geweest, worden er heel veel afspraken voor dezelfde dag gemaakt, samen is alles gemakkelijker. Vijf families gaan op weg naar de tandarts, lopend natuurlijk. Mijn vader kwam tijdens een wandeling langs deze tandarts, en de keus viel dus puur toevallig op hem. De praktijk bevindt zich in de binnenstad, op een uur lopen vanaf het kamp, en is in een privéwoning ondergebracht. Jugendstil, heel elegant, als we aankomen staan we eerst minutenlang in de hal om de mooie trap en de entree te bewonderen. Naast het kamp, de supermarkten en de sociale dienst is dit het eerste Duitse gebouw dat we betreden. We zijn met ongeveer zes kinderen en tien volwassenen. De tandartsassistente kijkt verbaasd naar ons als we binnenkomen en wij – ook de volwassenen – kijken angstig terug.

In Rusland bestonden tandartspraktijken uit enorme behandelkamers met twintig, dertig stoelen erin, meerdere tandartsen liepen van de ene patiënt naar de andere. Hier passen we met z'n zestienen nauwelijks in de wachtkamer.

Mijn vader is als eerste aan de beurt, hij wordt heel vriendelijk verzocht binnen te komen en wij blijven gespannen in de wachtkamer achter, zo meteen zal hij vertellen hoe het er in een Duitse tandartspraktijk aan toe gaat. In de wachtkamer liggen tijdschriften, kleurig speelgoed en kinderboeken, maar we durven niets aan te raken. Mijn vader komt terug en vertelt verbaasd dat hij helemaal alleen in de behandelkamer was, dat hem heel vriendelijk werd gevraagd of hij een verdovingsinjectie wilde, dat de tandarts erg aardig en voorkomend was.

Als ik naar binnen moet ben ik weliswaar één brok zenuwen, maar ik onderdruk mijn tranen. Ik ben groot, moedig en sterk. Ik begrijp geen woord van wat de tandarts vertelt, maar mijn moeder is mee naar binnen gegaan en bespreekt iets met hem. De behandeling doet helemaal geen pijn, de tandarts glimlacht naar me en na afloop krijg ik een balpen. Ik ben groot, moedig, sterk en buitengewoon trots op mezelf.

Op de terugweg vertelt mijn moeder, die het best Duits spreekt en voor iedereen als tolk heeft gefungeerd, wat de tandarts heeft gezegd. Het blijkt dat er bij vier van de zes kinderen – bij iedereen die geen melkgebit meer heeft – iets mis is met het gebit. Wat dat precies is, heeft mijn moeder niet goed begrepen, de tandarts praatte heel snel en ook nog in het Zwabisch. Bij ieder kind moeten vier kiezen worden getrokken, vier splinternieuwe kiezen. Mijn vader onderbreekt haar, hij lijkt woedend te zijn en wil weten waarom dat is, hij heeft nog nooit gehoord dat er iets mis is met een kindergebit en dat er dan vier kiezen moeten worden getrokken. De andere volwassenen knikken weliswaar ijverig, maar de meesten zijn van mening dat de Duitsers beslist beter weten hoe je hier in het Westen kiezen moet behandelen. Bovendien was de tandarts vriendelijk en voorkomend geweest, en behandelde hij maar één patiënt tegelijk, de tandarts had natuurlijk alleen rijke mensen in zijn praktijk, het zou allemaal wel een reden hebben. Mijn moeder, die helemaal enthousiast is over de tandarts, veegt ook het laatste argument van mijn vader, dat het vier gaten voor het leven blijven, van tafel. De tandarts had uitgelegd dat ze daarna naar een andere tandarts zouden gaan, een zogenaamde orthodontist, hij kende een goede, een heel goede zelfs, die de gaten zou behandelen. De kinderen zouden allemaal een beugel krijgen (wat dat is moeten we later in het woordenboek opzoeken), zodat de gaten verdwijnen. Is het leven in Duitsland niet mooi?

De kiezen, een ervan heb ik pas vier maanden, worden tijdens twee afspraken getrokken. Na afloop krijg ik ze schoon gewassen in een plastic zakje mee naar huis.

Twee weken later zijn vier kinderen in ons kamp ieder vier kiezen kwijt, 'de echte', herhalen we telkens weer, zo trots zijn we, we hebben de tanden uitvoerig met elkaar vergeleken, de mijne liggen in een klein kistje, samen met mijn schat van twee mark.

We gaan met z'n vieren samen met onze ouders op weg naar de zo warm aanbevolen orthodontist. In zijn wachtkamer ligt ook speelgoed, maar hij is niet half zo vriendelijk en voorkomend als de tandarts. Natuurlijk zorgt hij ervoor dat de gaten verdwijnen, en uiteraard was het goed dat de kiezen waren getrokken, zegt hij kortaf tegen mijn moeder, die weer eens voor iedereen moet vertalen. We krijgen een beugel, een vaste, voor ongeveer vier jaar, waardoor de resterende kiezen tegen elkaar aan worden geschoven. Het wordt allemaal door het ziekenfonds vergoed, we hoeven maar drieduizend mark bij te betalen. 'Drieduizend mark!' schreeuwt mijn vader een paar uur later in onze kleine kamer tegen mijn moeder. Drieduizend mark is veel geld als je twee maanden geleden uit Rusland bent aangekomen. Onvoorstelbaar veel geld. 'Daarvan kan een groot gezin in Sint Petersburg een jaar lang in luxe leven,' voegt mijn oma eraan toe. 'Maar de arts schuift de tanden toch weer bij elkaar,' zegt mijn moeder. 'Zo gaat dat hier nu eenmaal.' 'Drieduizend mark!' roept mijn vader nog een keer. Het is een van de vele ruzies die ik de komende tijd zal moeten aanhoren – vroeger maakten mijn ouders bijna nooit ruzie. 'Drieduizend mark zodat de gaten, die er eerst niet waren, verdwijnen. Gaten, waar een paar weken geleden splinternieuwe kiezen zaten.' Mijn vader ziet eruit alsof hij de deur graag achter zich wil dichtknallen, maar waar moet hij naartoe, achter de deur is een lange gang met kamers van vreemde mensen.

'Heeft hij je in elk geval uitgelegd waarvoor dat kiezen trekken goed was?' wil mijn vader weten. Mijn moeder haalt haar schouders op, ze heeft het geprobeerd, maar de arts was niet erg vriendelijk. Hij had haar niet laten uitpraten, en het kostte haar ook veel tijd met het woordenboek. Hij zal wel gelijk hebben.

Ik zit aan tafel te tekenen en doe net alsof ik niet luister. Natuurlijk luister ik wel. Ik hoor hoe mijn moeder de orthodontist verontschuldigt omdat hij onvriendelijk was, en ik heb er nog geen vermoeden van hoe vaak ik zoiets zal moeten aanhoren. Het is onze schuld, het is allemaal onze schuld, de Duitsers weten het beter. Het is onze eigen schuld als iemand onvriendelijk tegen ons is. Tenslotte zijn wij buitenlanders, we weten niet hoe het er in Duitsland aan toe gaat, we moeten dankbaar zijn. Het duurt lang voordat je in een vreemd land zelfbewustzijn krijgt.

Een week later glanst er een vaste beugel in mijn mond, net als in de monden van de andere drie kinderen uit het kamp. In het begin doet hij pijn en het duurt een tijdje voordat ik eraan gewend ben dat al het voedsel, vooral appels, erin blijft steken, maar ik voel me er heel Duits en heel cool mee. Dat ik er daarmee alledaags en aandoenlijk lelijk uitzie, valt me nog niet op.

'Zo verdienen ze hier waarschijnlijk hun geld,' zegt mijn vader, die nog steeds niet is gekalmeerd, maar mijn moeder kijkt hem met van boosheid fonkelende ogen aan en hij zwijgt verder.

Ik ga mijn tanden poetsen, omdat er weer eens eten in de beugel is blijven steken.

Jaren later bekijk ik kinderfoto's van de vlak-voor-de-beugel-tijd. Mijn tanden staan prachtig recht.

Jan maakt zich er telkens weer druk over. 'Aangeklaagd moeten ze worden, die twee tandartsen! Het is belachelijk!' herhaalt hij voortdurend. 'Je moet de andere kinderen en hun ouders optrommelen en jullie moeten die tandartsen aanklagen!' windt hij zich op. Ik schiet bijna in de lach, want ik weet al wat ze zouden zeggen: het is onze eigen schuld, de Duitsers weten het beter, wij zijn maar buitenlanders.

Mijn tandarts knipoogt naar me: 'In elk geval weet u hoe het voelt om een kies te laten trekken. Ik wilde u niet meteen laten schrikken, maar we moeten uw verstandskiezen ook trekken.'

Ik pak Jans hand en trek hem zo snel mogelijk de praktijk uit. Ik zal de volgende afspraak afzeggen, en de daaropvolgende eveneens, ik zal ze allemaal afzeggen, tot ik ervan overtuigd ben dat ik me in deze praktijk niet meer kan laten zien.

# 28

Wiskunde is mijn lievelingsvak. Dat komt deels omdat ik goed ben in getallen en rekenen me gemakkelijk valt, maar de voornaamste reden is dat de wiskundelessen de enige zijn waarbij ik begrijp wat we aan het doen zijn. Heemkunde en praktische vakken, Duits en godsdienst, alle andere vakken waarvan ik de naam niet ken of kan uitspreken, kan ik niet van elkaar onderscheiden. En niemand helpt me.

Eigenlijk had ik naar een zogenaamde ontwikkelingsklas gemoeten, waar buitenlandse kinderen Duits leren. Mijn moeder wil echter dat ik meteen integreer, ze heeft een hele tijd gepraat met mevrouw Kraus, de schooldirectrice en tevens mijn klassenlerares. Wat ze precies hebben besproken, heb ik niet begrepen, maar ik mag naar een echte Duitse vierde klas. Niet dat ik daar gelukkig mee ben. Ik heb geen echte schooltas, alleen een kleine rugzak van mijn broer, ik heb geen kleurig etui dat opengeklapt kan worden, ik heb Russische, voor Duitse verhoudingen plompe schriften en heb er geen kleurige kaften voor, geen kind praat met me en ik versta toch niets. Alle andere kinderen uit het kamp zitten in de ontwikkelingsklas en in de grote pauze ren ik over het schoolplein om ze te zoeken.

Mevrouw Kraus zet me aan een meisjestafel. Ze stelt me niet aan de klas voor, vertelt niet waar ik vandaan kom en ook niet dat ik pas twee weken in Duitsland ben. De meisjes aan mijn tafel kijken me nieuwsgierig aan, en ik loer naar hun schriften om erachter te komen welk vak we hebben. In de eerste pauze storten de meisjes zich op me, ze willen weten hoe ik heet en waarom ik aan het eind van het schooljaar in hun klas kom, en ze stellen me nog duizend vragen die ik niet snap. Ik heb heel veel tijd voor elk antwoord nodig, en als ze merken dat ze niet normaal met me kunnen praten, keren ze mij verveeld de rug toe. In de pauzes tussen de lessen staar ik ingespannen naar mijn boeken, mijn vormeloze schriften verstop ik in mijn rugzak en ik doe net alsof het me niets kan schelen dat ik alleen aan tafel zit. Als mijn klasgenootjes hun spullen pakken om naar een ander lokaal te gaan, volg ik ze. Zo ontdek ik langzamerhand dat we op dinsdag en donderdag het laatste uur handenarbeid hebben en dat we daarvoor in een ander lokaal moeten zijn. In mijn lesrooster schrijf ik naast de moeilijk te ontcijferen namen uitleg in het Russisch. Zo staat er naast heemkunde 'geel schrift' en naast godsdienst 'alleen het schrift van de klas'. In mijn rapport, waarop geen cijfers staan, omdat ik maar drie weken van het schooljaar meemaak, zal later te lezen zijn: 'Anja uit zich mondeling niet en antwoordt alleen na uitdrukkelijk verzoek' en 'Met rekenen heeft Anja geen moeite, maar redactiesommen begrijpt ze niet altijd'. Ik haat elke schooldag.

Op woensdag hebben we zwemmen. Omdat ik dat woord niet ken en er in Rusland bovendien geen zwemles bestaat, heb ik natuurlijk geen zwemspullen bij me. Tot we in het zwembad zijn vraag ik me af waar we naartoe lopen. Een meisje probeert onderweg met me te praten en ik ben heel gelukkig.

'Met hoeveel kinderen zijn jullie thuis?' vraagt ze.

Ik kijk haar vragend aan, het is een lange, ingewikkelde zin die ik niet snap.

'Ik begrijp het niet,' antwoord ik, een zin die ik inmiddels heel goed ken.

'Heb je een broer of een zus?' zegt het meisje langzaam,

alsof ze tegen een kleuter praat. Haar vriendinnen kijken nieuwsgierig en een beetje verveeld naar me.

'Ja, ik heb broer,' zeg ik. Ik vind het zelf een goed begin van een gesprek, een lange zin, maar de vriendinnen van het vriendelijke meisje zijn verveeld, ze leiden haar af en ze vergeet me. Ik ben in de war, heb ik iets verkeerds gezegd? Ik denk net zolang over mijn antwoord na tot het me opvalt dat ik 'een broer' had moeten zeggen.

Jaren later zal ik terugdenken aan dit moment. Tot die tijd zal me ontelbare keren zijn gevraagd hoe ik zo snel en zo goed Duits heb geleerd. Ik zal mijn schouders ophalen, omdat ik me niet meer kan voorstellen dat ik die taal niet beheers en er niet in denk, Duits is mijn moedertaal. Jaren later zal ik terugdenken aan dit moment, toen ik me zo alleen voelde en me zo schaamde omdat ik het lidwoord was vergeten. Ik zal eraan terugdenken en tegen mezelf zeggen dat dit het moment moet zijn geweest waarop ik voor het eerst een gevoel voor de Duitse taal ontwikkelde, toen ik instinctief voelde dat er iets niet klopte aan de zin.

In het zwembad zit ik volledig gekleed, maar met blote voeten op de bank, en kijk hoe de anderen hun baantjes in het bad trekken en later nog een tijdje mogen ravotten. Ik durf niet naar de lerares te kijken, zo erg schaam ik me dat ik geen zwemspullen bij me heb.

Thuis zeg ik tegen mijn ouders dat ik nooit meer naar die stomme school ga. Ik heb heimwee, voor het eerst, ik wil naar Sint Petersburg, naar mijn klas, naar mijn vriendinnen, ik was goed op school en was vrijwel unaniem gekozen tot klassenvertegenwoordigster.

Mijn moeder haalt me de volgende dag van school en stelt mevrouw Kraus vragen over mijn lesrooster. Die heeft echter geen tijd en ook niet veel zin om met mijn moeder, die voortdurend nieuwe vragen stelt, te praten.

Thuis huil ik weer, ik wil niet naar deze school, waar

niemand met me praat en je een mooi etui moet hebben, ik wil niet naar mevrouw Kraus, die me geen blik waardig gunt, ik wil niet, wil niet, wil niet. Dus gaat mijn moeder nog een keer naar school, praat met mevrouw Kraus, die nog ongeduldiger lijkt, legt haar uit dat ik niets begrijp en vraagt haar of ze me meer kan uitleggen, kan helpen. Mevrouw Kraus weigert en zegt dat ze me met liefde in de ontwikkelingsklas wil plaatsen, omdat dat de juiste plek voor me zou zijn, dat had ze vanaf het begin gezegd.

'Nee,' antwoordt mijn moeder, die ervan overtuigd is dat ik het wel red.

De marteling duurt drie weken, dan begint de zomervakantie. De klas zamelt geld in voor een bos bloemen voor mevrouw Kraus, we zitten in de vierde klas en na de zomervakantie gaat er niemand meer naar deze school. Ik wel, ik moet de vierde overdoen. Terwijl ik hem in Rusland al had gedaan. Ik zit in de pauze zoals altijd aan mijn tafel, staar naar het bord, in de boeken, uit het raam, het kan me niet schelen wat de andere kinderen doen, ik moet het nog een week volhouden, dan heb ik vakantie. Vakantie, zes weken lang. Een week, dat zijn vijf dagen, dus nog vierentwintig schooluren, dat red ik, dat lukt me op de een of andere manier.

Een meisje loopt door de klas en haalt bij iedereen twee mark op voor de bos bloemen. Ik kijk naar haar vanuit mijn ooghoeken en weet niet zeker of ik wil dat ze het mij ook vraagt, of dat ik liever heb dat ze me negeert. Twee mark is veel geld. Bovendien is het me een raadsel hoe een bos bloemen vijfentwintig keer twee mark kan kosten.

'We willen bloemen voor mevrouw Kraus kopen,' zegt het meisje tegen me als ze bij mijn tafel komt, ze spreekt op het langzame, zangerige toontje dat me nog kleiner maakt, dat alles bevat wat ik zo ook al voel en waardoor ik 's avonds huil dat ik niet meer naar school wil. Je bent klein, zegt het langzame toontje tussen de regels door, klein en stom, je hebt geen echt etui en geen schooltas, en niemand hier vindt je aardig, niemand zal je ooit aardig vinden, stom en klein ben je.

Ik knik naar het meisje. Er wordt in de klas al dagenlang over de bos bloemen gepraat, ik heb het woord thuis opgezocht, langzamerhand begrijp ik ongeveer waarover het in de gesprekken om me heen gaat.

'We geven allemaal twee mark,' legt het meisje langzaam uit. 'Twee mark, snap je?' Ze houdt twee vingers in de lucht, dan zoekt ze in haar portemonnee en laat me een munt van twee mark zien. Terwijl ik allang heb geknikt. 'Geef jij ook twee mark?' vraagt ze aan mij en ik knik, ik bedenk later wel hoe ik aan twee mark kom. Het meisje staat nog steeds naast me en kijkt verwachtingsvol. Ik kijk haar vragend aan. Het enige wat ik nu kan vragen is 'wat?', maar dat klinkt onbeleefd, zoveel gevoel voor de taal heb ik al wel ontwikkeld, dus glimlach ik vriendelijk tegen haar, zeg in mijn hoofd in het Russisch dat ik beslist twee mark zal meenemen en hoop dat ze de boodschap op mijn gezicht kan lezen. Kunnen ogen Russische zinnen in het Duits vertalen?

'Heb je twee mark?' vraagt het meisje nog een keer.

Ik ben verbaasd. 'Ja,' zeg ik zo accentloos mogelijk. 'Ik heb twee mark.' Een vlekkeloze, grammaticaal juiste Duitse zin.

'Geef je die aan ons voor de bos bloemen?' vraagt ze.

'Ja,' antwoord ik hardop, duidelijk, accentloos.

Ze staart me verwachtingsvol aan. Dan begrijp ik het. Ze wil het geld nu hebben, maar ik heb helemaal geen geld bij me, wie heeft er nu twee mark bij zich?

'Morgen,' antwoord ik en ik voel me nog kleiner worden.

'Goed, morgen. Geef het me voor school op het schoolplein, want dan gaan we de bos bloemen kopen,' zegt ze langzaam en overduidelijk.

Het meisje staat niet alleen bij mijn tafel, naast haar staan haar vriendinnen, die de scène hebben gevolgd.

'Laat haar toch, ze neemt morgen vast haar rare moeder mee, we hebben al genoeg bij elkaar, dat wordt veel te lastig,' zegt een van hen.

Ik kan de zin niet vertalen, maar ik weet dat ze mijn moeder raar vinden en mij ook, het woord 'lastig' moet ik opzoeken. Het liefst zou ik weggaan, opstaan en weggaan, naar huis, en huilen, de tranen laten stromen die al in mijn ogen opwellen en die naar buiten willen.

'Goed. We hebben de twee mark niet nodig. Je hoeft morgen geen geld mee te nemen,' zegt de ijverige organisatrice tegen me. Ze wil zich omdraaien en verder lopen, maar dat wil ik niet.

'Nee,' zeg ik, zo hard dat ook andere kinderen opkijken, meestal praat ik immers niet, en als ik dat wel doe is het heel zacht. 'Morgen, ik heb twee mark.'

Ze zijn verrast, halen hun schouders op en zeggen: 'Goed dan. Neem het morgen maar mee. Maar morgenochtend vroeg, voor school.' Ik weet dat ik ze het geld zal geven.

Aan mijn ouders wil ik het niet vragen. Twee mark is veel geld. Ik heb zelf twee mark, die mijn vader me heeft gegeven, ik bewaar het in een klein sieradendoosje dat op de commode staat. Ik was vast van plan om het geld te sparen, maar nu pak ik de waardevolle munt en neem hem de volgende dag mee naar school. Ik zeg tegen mezelf dat het een goede daad is. Het woord 'lastig' heb ik niet gevonden in het woordenboek, waarschijnlijk omdat ik niet precies weet hoe je het spelt. Ik loop alleen naar school en niet zoals anders met de andere kinderen van het kamp, want ik wil er heel vroeg zijn, zodat ze niet denken dat ik niet heb begrepen dat ik het geld voor de les moet geven. De ijverige organisatrice pakt het muntstuk aan, zegt 'dank je wel' en draait zich weer om naar haar vriendinnen. Ik blijf nog een paar seconden naast haar staan, dan draai ik me om en loop naar de poort, de kampkinderen komen zo.

Het duurt nog drie dagen voordat het vakantie is, maar ik zeg tegen mijn moeder dat de lerares heeft gezegd dat ik niet meer hoef te komen. Mijn moeder twijfelt een beetje aan mijn verhaal, maar ik smeek net zolang tot ik thuis mag blijven.

Ik vind het een beetje jammer dat ik de bos bloemen van vijftig mark niet heb gezien, maar ik ben vooral gelukkig. Ik word wakker zonder me klein te voelen, ik word wakker en weet dat ik niet naar die stomme school hoef.

# 29

'Gaat u toch gewoon met Ilja mee naar Parijs,' zegt de directrice van het Russische reisbureau. Ilja had me bij haar aanbevolen en nu ben ik op gesprek. Ik hoop dat mijn Russisch goed en accentloos genoeg is, zodat ze me in dienst neemt. Ik heb geld nodig. 'Tijdens die reis kunt u zien wat er allemaal bij komt kijken, en als u terug bent kunt u met rondleidingen door München beginnen.' Ilja heeft een jaar in Parijs gewoond, kent daar de weg en gaat er één keer per maand met een reisgezelschap naartoe. Het verdient goed, zegt hij, en bovendien heeft hij zo de mogelijkheid om zijn Franse vrienden regelmatig te zien.

Ik vertel Ilja na afloop in het café over het voorstel van de directrice en hij is opgewonden als een kleine jongen met Kerstmis.

'Dat is fantastisch! 's Avonds, als de rondleidingen voorbij zijn, laat ik je het echte Parijs zien. Het Parijs áchter de bezienswaardigheden. En ik stel je aan mijn vrienden voor. Het wordt super!' Hij is zo enthousiast dat ik er bijna een beetje bang van word. Ik wil weten wat zijn vriendin ervan zou vinden als we samen naar Parijs gaan, maar dan zeg ik tegen mezelf dat we beroepsmatig op stap zijn, ik moet gewoon van hem leren, met ons tweeën heeft dat allemaal niets te maken.

'Toen ik in Parijs woonde, heb ik vaak aan je gedacht. Aan hoe prachtig je sommige straten zou vinden! En nu kan ik je eindelijk alles laten zien! Waanzinnig!' zegt Ilja. Hij kijkt me heel dromerig aan. Een gedachte aan zijn vriendin kan ik in zijn ogen niet ontdekken.

's Avonds vertel ik Jan over de ophanden zijnde reis. Ik begin ermee dat ik een baan bij het Russische reisbureau heb gekregen, dat ik zo snel mogelijk zo veel mogelijk over München moet leren, en laat Parijs dan terloops vallen.

'Ik moet kijken hoe het allemaal gaat en de directrice van het reisbureau denkt dat ik op zo'n trip naar Parijs het best meekrijg wat er allemaal te doen is en waar ik op moet letten.'

'Naar Parijs? Moet je daar iets voor betalen?' vraagt Jan.

'Nee. Daar heeft ze in elk geval niets over gezegd. Ilja is de reisleider in Parijs. Hij heeft er een tijdje gewoond.' Ik kijk Jan in zijn ogen en glimlach, hij moet niet denken dat het belangrijk voor me is dat Ilja de reisleider is. Het is immers ook niet belangrijk voor me.

Jan glimlacht terug. 'Dat is leuk! Ik zou ook graag een baan hebben waarbij ik bij wijze van introductie een weekend gratis naar Parijs mag!' Hij lacht en pakt mijn hand vast.

Later zitten we met een glas wijn in de zitkamer, we hebben een kaars aangestoken, ik zit op de bank en Jan op de stoel, hij heeft zijn benen uitgestrekt en op mijn schoot gelegd. Ik kietel zijn voeten en hij springt overeind, hij haat het om gekieteld te worden. Ik zet mijn wijn weg, en dan is Jan ook al boven me en kietelt me, we stoeien tot we buiten adem zijn, daarna kussen we elkaar. Ik ben de trip naar Parijs vergeten.

# 30

De bus naar Parijs vertrekt om halfelf 's avonds vanaf het busstation. We zullen dus de hele nacht in de bus doorbrengen, de dag erna bezienswaardigheden aflopen, een nacht in een hotel slapen, een ochtend lang door de stad wandelen, 's middags naar Versailles rijden en 's avonds naar Duitsland terugkeren.

Als ik het programma voor Jan vertaal, kijkt hij me verbaasd aan: 'Daar heb je toch minstens een week voor nodig! Hoe lukt dat allemaal in twee dagen? Dat is toch niet vol te houden na een nacht in de bus!'

Mijn moeder, die ik het aan de telefoon vertel, is enthousiast. Mijn ouders hebben zo'n reis naar Parijs al meerdere keren gemaakt. 'Je zult zoveel zien! Je moet absoluut een fototoestel meenemen! Zal ik je onze reisgidsen sturen?' vraagt mijn moeder.

Ilja zegt dat ik het best al om negen uur op het station kan zijn, ons reisgezelschap zal ook op tijd aanwezig zijn. 'Op tijd?' vraag ik. 'Anderhalf uur voor vertrek?' Jan heeft 's avonds een belangrijk etentje met zijn baas, en ik wil hem absoluut zien voordat ik vertrek.

Ilja lacht. 'Oké Anja, ik geloof dat ik het een en ander moet ophelderen. Je leeft je Duitse leven met je Duitse vriend en je Duitse vriendenkring, en je familie is voor Russische begrippen erg aangepast. Het reisgezelschap is anders. Dat zijn Russen, echte Russen. Die gedragen zich anders dan je gewend bent. Je moet je daarop instellen, anders zul je je de hele tijd ergeren.'

Voor mijn geestesoog verschijnt een luidruchtige groep mensen van wie je al van verre ziet dat ze uit Rusland komen, ze schreeuwen allemaal. Ilja en ik staan in hun midden, ze trekken aan alle kanten aan ons en ik kan me de Russische woorden om ze antwoord te geven niet meer herinneren.

'In hoeverre zijn ze anders?' vraag ik Ilja, terwijl ik met de hoorn tegen mijn oor voor de kast sta en bedenk wat ik zal meenemen. Eigenlijk is een kleine rugzak voldoende voor twee dagen, ik trek een spijkerbroek aan en heb alleen wat shirtjes, lingerie en mijn toilettas nodig. Bovendien neem ik twee reisgidsen mee: mijn moeder heeft ze gestuurd, nadat ik tegen haar had gezegd dat ik ze niet nodig had.

'Anja, wat was de eerste reis die je ouders vanuit Duitsland hebben gemaakt?' vraagt Ilja.

Ik denk na. Mijn ouders reizen zo vaak mogelijk. Dan bedenk ik dat mijn vader, in de tijd dat we in het kamp woonden, naar Parijs wilde. Er bestond destijds nog geen Russisch reisbureau. Mijn vader kocht een retourtje voor een Eurotourbus, hij wilde 's nachts reizen om het geld voor een overnachting uit te sparen. Mijn moeder zei dat we heel voorzichtig moesten beginnen, we konden niet allemaal tegelijk op stap gaan, mijn vader was de eerste die zijn droom zou beleven en Parijs zou zien. Het was nog voor het Schengen-akkoord en aan de grens met Frankrijk moest mijn vader, die geen visum had omdat in het kamp het gerucht de ronde deed dat de Fransen niet zo'n strenge grenscontrole hadden, de bus uit en terug liften.

'Parijs,' antwoord ik Ilja en ik herinner hem aan het avontuur van mijn vader. Het was destijds in het kamp dagenlang gespreksonderwerp nummer één.

Parijs was voor volwassen Russen wat voor de kinderen Barbies en spijkerbroeken waren. Parijs was het Westen, Parijs was de stad van de grote dichters en schilders. 'Parijs zien en dan sterven,' herhaalde mijn oma eindeloos, tot we met z'n allen een keer naar Parijs gingen. Toen we daar waren bleef mijn oma zich erover verbazen dat de stad net zo mooi was als Sint Petersburg of Moskou. Niet omdat ze arrogant was en dacht dat er geen andere mooie steden op de wereld waren, maar omdat ze nog nooit een andere grote stad had gezien. In Rusland bezaten mijn ouders een boek over Parijs, het stond niet bij de andere boeken op de plank, maar lag in een glazen vitrine, zodat iedereen het kon zien.

'Parijs is voor Russen toch ook niet meer wat het ooit is geweest,' zeg ik tegen Ilja.

'Tegenwoordig boeken steeds minder Russen die in Duitsland wonen een reis bij ons. De meesten van hen hebben Parijs allang gezien. Degenen die zo'n trip maken, zijn hier bij vrienden en kennissen op bezoek, ze komen uit Rusland, Israël, Amerika. En ze zijn allemaal nog niet in Parijs geweest. Ze zijn net zo euforisch als onze ouders in het kamp destijds waren,' vertelt Ilja. 'Je weet toch, Parijs zien en dan sterven,' voegt hij er in het Russisch aan toe. Het is grappig om hem Russisch te horen praten.

'Je hebt dat overvolle programma toch gezien? Ze willen gewoon alles zien, elke kerk. Ze maken foto's en bellen hun vrienden en familie en beginnen de bezienswaardigheden op te sommen: "Ik heb de Eiffeltoren en de Champs-Elysées gezien, en in het Louvre ben ik ook al geweest,"' zegt Ilja.

Ik heb het beeld voor ogen. Plotseling ben ik zielsblij dat Ilja de reisleider is. Ik vind het een beangstigend idee om in mijn eentje tussen al die Russische Russen te zitten.

'Het programma klinkt inderdaad behoorlijk inspannend,' zeg ik.

'Dat is het ook. Maar dat maakt ze niets uit. Ze gaan op in Parijs en willen, hoe vermoeiend of inspannend het ook is, altijd nog meer zien. Maar wij tweeën gaan er morgenavond een mooie avond van maken, met lekker eten en verder alleen een wandeling. Ik wil dat je iets van het echte Parijs ziet. De bezienswaardigheden ken je allemaal al,' zegt Ilja.

Ik zie af van de kleine rugzak en pak mijn reistas. Als we er een mooie avond van gaan maken, heb ik ook mooie kleren nodig. Ik pak het tweede paar gymschoenen weer uit de tas en doe in plaats daarvan mooie schoenen met een hak in de tas, en bovendien een korte rok. Maar niet de kortste, een middelkorte. Het heeft niets met Ilja te maken, als ik met een vriendin in Parijs was, zou ik er ook goed uit willen zien. Dan doe ik mijn mooiste lingerie er nog bij. Gewoon, zomaar.

Om halftien kom ik bij het station aan. Ik heb Jan niet meer gezien, maar ik heb een briefje voor hem achtergelaten waarop staat dat ik van hem hou en hem zal missen. Hij is waarschijnlijk een paar minuten nadat ik was vertrokken thuisgekomen, want in de metro kreeg ik een sms'je waarin hij me voor mijn lieve berichtje bedankte en me een fantastische tijd in Parijs wenste.

Ik zie Ilja niet meteen. Bij de halte, waarvandaan de bus zal vertrekken, staan een stuk of dertig mensen. Velen zien er Russisch uit, sommigen verdenk ik ervan dat ze graag zo westers mogelijk willen overkomen. Ik geloof dat het Amerikaanse Russen zijn.

'Hallo Anja,' hoor ik Ilja roepen. Hij spreekt Russisch tegen me.

'Hallo,' antwoord ik, eveneens in het Russisch. Ik heb het gevoel dat iedereen me keurt. *Wie is dat?* Ik heb mijn haar in een paardenstaart gebonden en draag een spijkerbroek, een fel oranje topje met spaghettibandjes, waarop een gele zon schijnt, en bijpassende oranje sportschoenen met gele strepen. Ik heb me niet opgemaakt, tenslotte heb ik meteen een nacht in de bus voor de boeg. Voor Russische begrippen zie ik er heel onvrouwelijk uit. Ik maak mezelf wijs dat ik het me alleen verbeeld dat ik word gekeurd en baan me moeizaam een weg naar Ilja. Hij heeft een deelnemerslijst en een stapel folders van het reisbureau in zijn hand en hij ziet er erg belangrijk uit. Hij draagt ook een spijkerbroek, sportschoenen en een poloshirt, maar wordt toch als leider geaccepteerd. Misschien moet je er als autoritaire reisleider niet-Russisch uitzien.

'Dit is Anja, mijn assistente,' zegt hij tegen het gezelschap als hij me heeft omhelsd. Twee meisjes, die in de puberteit lijken en die beslist door hun ouders op deze reis worden meegesleept, beginnen te smoezen. Ik denk dat ze Ilja leuk vinden en zich afvragen of ik zijn vriendin ben.

Om tien uur zijn alle deelnemers aanwezig. De bus komt een paar minuten later, er zijn twee buschauffeurs, ze zijn beiden wat ouder en heel aardig en net als ik verbaasd over alle bagage van het reisgezelschap.

'Waarom nemen ze zoveel mee?' fluister ik tegen Ilja. 'We zijn overmorgen toch weer terug?'

'Eten,' fluistert hij terug. 'En een paar waterkokers om in het hotel thee te kunnen zetten.'

Ilja en ik zitten op de voorste bank en praten met de chauffeurs. De vrouw achter me buigt zich naar me toe en biedt me een broodje schnitzel aan.

'Nee, bedankt,' antwoord ik. 'Dat is heel vriendelijk van u, maar ik heb geen honger.'

'Ik heb ook eieren, aardappelsalade, groente, broodjes kaas en salami,' biedt de vrouw aan.

'Nee, dank u. Ik heb echt geen honger.'

'Ik heb gehaktballen, wilt u daar misschien iets van hebben?' komt Ilja tussenbeide.

Ze ruilen een gehaktbal tegen een schnitzel, bovendien krijgt Ilja nog twee tomaten van haar. Genietend neemt hij een hap van zijn broodje. Ik kijk naar hem.

'Je moet er gewoon op ingaan,' zegt hij tevreden.

'Waarom al dat eten?' vraag ik. Ik vind het nogal beklemmend dat overal in de bus tassen worden uitgepakt.

'Waarom niet? Ze denken nu eenmaal dat ze zich van het geld dat ze anders voor eten hadden uitgegeven, net zo goed nog zo'n reis kunnen veroorloven,' zegt Ilja. 'Als ik in Parijs over fantastische, beroemde cafés vertel of over het lekkerste gebak van de stad reageert er nauwelijks iemand. Maar als ik zeg dat we nog een museum kunnen bekijken, maar dat ze daarvoor entree moeten betalen, of voorstel om nog een busrit te maken om een kasteel te bezichtigen, maar dat het dan duurder wordt, is iedereen van de partij.'

'Wilt u misschien iets van onze salade hebben?' vraagt plotseling iemand naast me. Het is een oude vrouw, die tamelijk ver bij ons vandaan zit. Ze heeft een plastic schaal met Russische aardappelsalade in haar hand.

Aardappelsalade kan ik maar moeilijk weerstaan. Bovendien wil ik open zijn en overal aan meedoen. 'Heel graag,' antwoord ik dus.

Ik kom pas twee uur later op mijn plaats terug. Ik heb aardappelsalade, gebraden kip, augurken, tomaten, gebakken aubergine en appeltaart gegeten, ik heb thee uit een thermosfles gedronken en ik heb verschillende keren moeten uitleggen wat sociologie is en waarom ik dat studeer, ik heb de vraag wat je na een sociologiestudie voor werk kunt gaan doen meerdere keren ontweken, ik heb geschaakt en gewonnen, ik heb een paar potjes Durak gespeeld, een oud Russisch kaartspel dat iedereen kent en dat ik al jaren niet meer had gedaan, ik heb verteld wat mijn ouders en mijn broer voor werk doen en ik moest alle landen opnoemen die ik al heb gezien. Het was ontzettend leuk.

Ilja ligt languit op onze bank te slapen. Hij heeft al zo vaak 's nachts in een bus gereden dat hij kan slapen zodra hij zit. Ik schuif zijn benen van mijn plaats en ga zitten. Als ik een tijdje naast de slapende Ilja heb gezeten, haal ik diep adem.

'Ilja?'

'Hmmm?'

'Slaap je al?'

'Eigenlijk wel. Maar nu ben ik wakker.'

'Ben je boos dat ik je wakker heb gemaakt?'

'Nee. Wat wil je?'

'Iets vragen.'

'Vraag maar.'

'Weet je zeker dat je het wilt weten?'

'Ja, vraag dan.'

'Heb je er ooit spijt van gehad dat we uit elkaar zijn gegaan?'

'Anja, niet nu.'

'Hoezo, niet nu?'

'Ik ben moe, ik sliep al, dan kun je zulke vragen beter niet stellen.'

'Ik doe het toch. Wat is je antwoord?'

'Geen idee. Daar heb ik nooit over nagedacht.'

'Denk er dan nu over na.'

'Nu wil ik alleen slapen.'

'Ik geloof toch dat je er een beetje spijt van hebt, ergens diep vanbinnen, ook al wil je dat niet toegeven.'

'Misschien. Maar nu slaap ik.'

'Goed. Welterusten.'

'Welterusten.'

De stilte duurt ongeveer vijf minuten, ik denk aan Jan en vraag me af of hij al slaapt.

'Anja?' vraagt Ilja.

'Hmmm?'

'Heb jij er spijt van?'

'Daar heb ik daarstraks over nagedacht. Ik denk het niet.'

Ik hoop het niet.

# 31

De volgende ochtend word ik wakker doordat Ilja vlak naast mijn oor in de microfoon praat. Aanvankelijk schrik ik, daarna word ik chagrijnig. Ik ben doodmoe, ik heb nauwelijks twee uur aan één stuk door geslapen, en als ik niet in bed kan gaan liggen om te slapen, heb ik een kop sterke koffie nodig en heel veel tijd om die leeg te drinken. Zonder dat er tegen me wordt gepraat.

Naast me praat Ilja met een wakkere en charmante stem in de microfoon. Hij maakt grapjes en ziet eruit alsof hij net van een kuur terug is. Hoe kan hij er na een nacht in de bus zo goed uitzien? Later hoor ik dat we een halfuur eerder hebben gepauzeerd en dat hij zich heeft opgefrist.

Ilja praat opgewekt over Parijs, hij vertelt dat je wel verliefd móét worden op de stad en hij citeert beroemde dichters. Retorisch vlekkeloos, maar niet geschikt voor halfacht 's ochtends. Behalve ik schijnt niemand echter moe te zijn.

'En omdat Parijs zoveel gevoelens en dromen oproept, omdat dichters zoals Molière en Ernest Hemingway hier hebben geschreven, omdat Parijs een muze is, organiseren we een gedichtenwedstrijd,' zegt Ilja.

Ik kijk hem verbaasd aan, maar hij kijkt niet naar mij.

'Iedereen die zich geïnspireerd voelt, schrijft een gedicht en geeft dat, laten we zeggen, voor morgenmiddag aan mij. In het prachtige Versailles zullen we ze allemaal voorlezen en een winnaar kiezen, die een heel mooie prijs krijgt ter herinnering aan het fantastische Parijs,' gaat Ilja verder. Als ik de baan bij het reisbureau hou, ga ik absoluut geen gedichtenwedstrijden organiseren, denk ik. Ik vind het gênant dat Ilja zo'n wedstrijd op touw zet. De deelnemers zoeken in hun bagage echter al naar blocnotes.

'Waarom verdraaide je daarstraks je ogen?' vraagt Ilja me later, als hij pauzeert en de microfoon uit is.

'Wanneer?' vraag ik. Het was niet mijn bedoeling dat hij het zag.

'Toen ik over de gedichtenwedstrijd vertelde,' antwoordt Ilja.

'Ik vond het overdreven. Als in een slecht all-inclusivehotel,' zeg ik. Ilja kijkt naar me.

'Soms heb ik het gevoel dat je met alle geweld niet-Russisch wilt zijn. Alsof je je ervoor schaamt,' zegt Ilja heel kalm.

Om de een of andere reden maakt dat verwijt me razend. Misschien ben ik te moe voor een dergelijke discussie, maar misschien heeft Ilja ook gewoon gelijk.

'Nee, ik schaam me absoluut niet. Het is alleen zo dat het grootste deel van me Duits is,' zeg ik. Helaas klink ik niet zo kalm als Ilja, maar eerder als een koppig driejarig kind.

'Goed, dan vergis ik me gewoon. Hoe was het middernachtelijk eten gisteravond?' verandert Ilja van onderwerp. Het was leuk, grappig en interessant. Ik heb met schaken gewonnen. Het was echt leuk.

'Wel oké,' antwoord ik, omdat ik niet wil toegeven dat ik het leuk vond. Ik zal er later over nadenken waarom dat zo is.

'Heeft het je gesmaakt?' vraagt Ilja verder.

'Ja,' geef ik toe. 'Zeker.'

# 32

Eigenlijk hou ik niet van de romantiek van Hollywood-
liefdesfilms. Eigenlijk vind ik kaarslicht en zee en zonson-
dergang kitscherig. Sentimenteel. Ik knap erop af. Eigenlijk hou ik niet eens van Parijs. 's Nachts op de Eiffeltoren
naar de lichtjes en de Seine kijken is het tegendeel van
romantiek en iets waar ik om moet lachen, net als om
*Titanic* en Céline Dion. Ja, eigenlijk hou ik niet eens van
Parijs. De stad van de liefde. Eigenlijk ben ik eerder een
type voor Amsterdam, musea bekijken en daarna in het
gras liggen, blowen, heerlijke patat eten en 's avonds naar
feestjes gaan en langs de grachten slenteren. Mensen vanuit de hele wereld leren kennen. Eigenlijk hou ik helemaal
niet van Parijs.

Zeg ik tegen mezelf. Zeg ik telkens weer tegen mezelf
terwijl ik 's avonds laat hoog op de Eiffeltoren sta (dat
heeft me negen euro gekost) en naar beneden kijk, naar
de Seine en alle bruggen, naar het Centre Pompidou en de
Arc de Triomphe, naar de vele lichtjes in de stad van de
liefde. Ilja staat achter me, heel dicht achter me, en kijkt
ook – naar mij of naar de stad onder ons? Naast ons is een
groep jonge Amerikanen druk aan het fotograferen en
filmen, ze hebben allemaal meerdere toestellen om han-
gen. Eén man heeft een enorme spiegelreflexcamera om
zijn hals, een kleine digitale camera aan zijn riem en een
videocamera in zijn hand. Dat moet ik Jan vertellen, hij
kan verschrikkelijk om zoiets lachen. Jan.

Ilja buigt zich naar me toe, komt nog dichterbij, hij wil
iets in mijn oor fluisteren, het kietelt een beetje, allemaal

kitsch, ik hou gewoon niet van Parijs. 'Waarom staar je naar die Ami's? Val je misschien op dikkerds?' vraagt hij.

Ik ben opgelucht, enorm opgelucht, dat hij het niet nog erger heeft gemaakt, dat hij niet heeft gezegd dat de stad zo prachtig is, dat hij – nog erger – er niet aan heeft toegevoegd dat ik nog mooier ben dan de stad, ik draai me naar hem toe, neem afstand, hij knipoogt naar me met zijn stralende bruine ogen, en ik voel me verschrikkelijk misplaatst. Maar ook heerlijk opgewonden. En een beetje verliefd. Een piepklein beetje.

's Middags zijn we al met de hele groep naar de Eiffeltoren geweest, onze Russische toeristen hebben verschrikkelijk over de hoge prijs geklaagd, maar Ilja heeft ze verteld dat het uitzicht in elk geval de moeite waard is, dus hebben de meesten zich eroverheen gezet en zijn ze, nadat ze minstens tien keer bij Ilja hadden geïnformeerd of hij geen goedkopere prijs kon bedingen dan het groepstarief en of de bijstandspas of de studentenpas van de cursus Duits geen extra korting zou opleveren, met de lift naar boven gegaan. Ilja en ik waren het erover eens dat we beneden zouden blijven terwijl onze schaapjes met de Japanners wedijverden in foto's maken, we haalden een kop koffie die we in de zon opdronken en lachten om het patriottisme van ons reisgezelschap: de Amerikaanse Russen ruzieden de hele dag met de Duitse Russen welk land het beste land was om te wonen, Duitsland of Rusland, terwijl de Israëlische emigranten beide partijen ervan beschuldigden dat ze niet naar het ware joodse vaderland waren geëmigreerd, en de echte Russen, die nog steeds in Moskou, Sint Petersburg of Kiev woonden, probeerden te bewijzen dat het leven in het oude vaderland inmiddels helemaal fantastisch was.

's Avonds, nadat het reisgezelschap met plattegronden en goede tips van Ilja voor hun 'tijd ter vrije besteding' waren losgelaten, stelde Ilja voor om Parijs van boven af te bekijken. Ik zei tegen hem dat ik er niet van hield om bezienswaardigheden af te lopen, dat ik liever ging wandelen, dat het veel te duur was, maar hij stond erop om me mee te nemen, en zo belandden we boven op de Eiffeltoren, naast de Ami's met de vele camera's, en kijken nu op de stad van de liefde neer.

Bij het avondeten heb ik één glas wijn gedronken, genoeg om me aangeschoten en vrij te voelen, ik kan alles doen wat ik wil en ik wil veel.

'Het is zo kitscherig om 's avonds op de Eiffeltoren te staan. Je moest eens weten in hoeveel liefdesfilms er een kusscène op de Eiffeltoren bij nacht voorkomt,' zeg ik tegen Ilja.

'Is kitsch dan altijd slecht?' vraagt hij, verleidelijk glimlachend.

'Ja. Kitsch heeft niets met romantiek te maken.'

'Vroeger hield je nog van die kitschfilms,' antwoordt Ilja.

'Vroeger was ik ook jonger,' zeg ik tegen hem. Ik voel me goed, aangeschoten en goed, en vergeet bijna dat ik eigenlijk niet van Parijs hou. 'Nu weet ik dat romantiek geen kaarslicht is, en ook geen zonsondergangen aan zee of de Eiffeltoren in Parijs.'

'Wat is romantiek dan?' vraagt Ilja. De Amerikanen gaan op weg naar de lift, het wordt leeg op het platform, over tien minuten wordt de kitschromantiek gesloten. Ik weet niet wat romantiek is. Jan is geen romanticus. We dansen thuis niet op langzame muziek, we kijken elkaar tijdens het eten niet verliefd in de ogen, hij neemt geen rode rozen voor me mee. Maar we kunnen alles tegen elkaar zeggen en lachen samen veel, valt dat ook onder romantiek?

'Romantiek is een heel kort moment dat voor twee mensen, alleen voor die twee, bijzonder is,' zeg ik, een tegeltjesspreuk die ik razendsnel bedenk, maar die niet zo goed is. Wanneer hebben Jan en ik voor het laatst zo'n moment gehad? Hebben we eigenlijk ooit zoiets meegemaakt?

'En als dat bijzondere moment voor twee mensen nou hier, boven op de Eiffeltoren is?' vraagt Ilja terwijl hij naar me toe buigt, bijna onmerkbaar, maar genoeg om mijn hartkloppingen te versterken. 'Is dat dan geen romantiek?'

Daarop heb ik geen antwoord. Bovendien ben ik veel meer bezig met de vraag of hij het over ons en ons bijzondere moment heeft, nu, hier, op de Eiffeltoren, zo heerlijk kitscherig. Ik kijk in zijn ogen en hij buigt nog wat verder naar me toe, de balustrade duwt tegen mijn rug, of mijn rug tegen de balustrade, het is een bijzonder moment, zo meteen kussen we elkaar, heel romantisch, als in een film.

'Als dat voor twee mensen het bijzondere moment is, ja, dan is dat misschien romantiek,' zeg ik, waarmee ik mijn kromme betoog van daarnet tegenspreek, maar dat kan me niet schelen. Ilja staat heel dicht bij me, zijn hoofd vlak voor me, dreigend en opwindend. We staan op de Eiffeltoren, met onder ons de lichten van de stad van de liefde, een zacht zomerbriesje en een bij uitzondering bijna leeg platform. Hij kust me niet.

Hij kust me niet op de romantische Eiffeltoren, hij pakt mijn hand en trekt me mee naar de lift. 'Kom, ik geloof dat ze willen sluiten. We zijn bijna de laatsten hier,' zegt hij, en ik loop naast hem naar de lift en ben opgelucht. Opgelucht en teleurgesteld.

Hij kust me pas later, als we langs de Seine wandelen en oude Russische kinderliedjes zingen, liedjes uit tekenfilms die we als kinderen hebben gezien, van de meeste kennen we alleen het refrein nog en bovendien zijn we allebei niet muzikaal, maar het is leuk, we lachen tussendoor veel. Eén keer blijven we staan, kijken elkaar aan en schreeuwen het laatste woord van het lied lang en keihard, als een duet, omdat we de toon niet kunnen houden. Als we stil zijn buigt Ilja zich naar me toe en kust me. Hij kust me eindelijk, alsof het de normaalste zaak van de wereld is kust hij me. De kus is in eerste instantie opwindend en pas in tweede instantie lekker. Ik moet aan onze allereerste kus denken, aan mijn eerste kus. En aan onze eerste echte kus bij het meer. Ook aan Jan moet ik een beetje denken, maar hij lijkt zo ver weg, in een andere wereld die niet bestaat, en dus concentreer ik me op deze kus, die niet hartstochtelijk is zoals in de liefdesfilms die in Parijs spelen, maar fantastisch teder en tergend langzaam.

Pas als we naast elkaar in bed liggen, in een tweepersoonskamer in het hotel en ik in Ilja's armen lig, pas dan voel ik me schuldig. Dan denk ik voor het eerst sinds die kus echt aan Jan, Jan, die in Duitsland in ons gezamenlijke bed ligt, in het bed waarin we al jarenlang bijna elke nacht omstrengeld in slaap vallen.

# 33

'Krijgen' is ook zo'n woord dat niet echt in het Duits vertaald kan worden. In elk geval niet de Russische betekenis ervan, de betekenis: 'Waar heb je dat vandaan?', 'Is zoiets echt te koop?', 'Ik ben over lijken gegaan om dat te krijgen.' Het hoeft niet om zeldzame antiquiteiten te gaan, niet om curiositeiten en ook niet om onbetaalbare diamanten. Het gaat om voedingsmiddelen, boeken, tijdschriften. Alles is schaars in Rusland. Je moet jarenlang op een lijst staan om een abonnement op een krant te bemachtigen.

'Kun je je voorstellen,' zegt mijn moeder vaak – om me aan het lachen te maken doet Jan haar soms na, dan spreekt hij 'voorstellen' net zo hoog en langgerekt uit als zij – 'hoe dat in Rusland was?' Omdat ik het me niet alleen kan voorstellen, maar het zelfs heb meegemaakt, let ik vanaf dat moment meestal niet meer op. Jan luistert gewetensvol.

'Kun je je voorstellen hoe het was om niet gewoon een winkel binnen te kunnen gaan om een boek te kopen? Dat je in de rij moest staan? Kun je je voorstellen dat we voor een theaterkaartje drie dagen en nachten in de rij hebben gestaan? Maar we hebben ze gekregen! Kun je je voorstellen hoe dat in Rusland was?'

Meestal beantwoordt ze de vraag zelf: 'Nee, dat kun je je niet voorstellen. Drie dagen en drie nachten. In de winter, in Sint Petersburg, bij min vijftien graden. Hier ga je gewoon naar de kassa. En als je entreekaarten voor een goede voorstelling wilde hebben, was je vaak verplicht om ook kaarten voor een slechte voorstelling te kopen. Nee, je kunt je niet voorstellen hoe dat in Rusland was. Alles moest je bemachtigen. In de rij staan, zoeken, en meestal kreeg je niet wat je wilde,' vertelt ze en ze geeft zoveel voorbeelden dat je haar niet meer durft tegen te spreken. Zoals het voorbeeld van het behang. Als je wilde renoveren, moest je dat twee jaar eerder al besluiten. Dan tekende je in op een behang-, een behangsellijm- en een verflijst. Je moest regelmatig naar de winkel waar je op de lijst stond om contact te houden. Soms moest je de verkopers ook iets toestoppen, zodat je op de lijst bleef staan.

Mijn ouders besluiten om de zitkamer opnieuw te behangen. Ze bestellen behang, dat ze precies twee jaar later inderdaad krijgen. Hoe het behang eruit zou zien was van tevoren niet bekend, je kreeg het behang dat op dat moment werd geleverd. Mijn ouders krijgen rood behang, waarmee mijn vader erg blij is omdat het modern is. Ze nemen vrij om te renoveren, schuiven de meubelen naar het midden van de kamer en trekken het oude behang van de muur. Ze strijken de muren voor en bereiden alles voor op het nieuwe, chique rode behang. Mijn vader rolt het behang af. Het zijn meerdere rollen en hij stelt geschrokken vast dat de rode kleur verschilt. Er is een mooie, donkere, verzadigde kleur rood en een die er vergeeld uitziet en eerder in de richting van oudroze gaat. Het woord 'ruilen' kan net zomin in het Russisch worden vertaald als 'krijgen' in het Duits. Je kunt niets ruilen. Waartegen ook? Alles is uitverkocht zodra het op de toonbank ligt.

'Kun je je dat voorstellen?' zegt mijn moeder. 'Kun je je voorstellen hoe we daar zaten, met kale muren en twee verschillende kleuren behang? Wat zou jij doen?'

Ik kijk naar Jan.

'Geen idee,' antwoordt Jan. 'Ik zou wanhopig zijn.' Hij kent mijn familie al heel lang.

Mijn moeder was wanhopig. Net zo wanhopig als Jan in haar plaats was geweest. Mijn vader echter niet. Hij dacht even na, nam de maat van de rollen en schoof de grote wandkast weer tegen de muur – tenslotte zie je niet wat er achter de kast zit. Hij beplakte de andere muren met het mooie donkerrode behang. Het lelijke rood gebruikte hij voor de strook muur boven de kast. Daarboven keek toch niemand.

'Kun je je dat voorstellen? En het zag er zo mooi uit. Iedereen die bij ons kwam, vroeg waar we dat prachtige behang vandaan hadden,' zegt mijn moeder ook vijftien jaar later nog steeds enthousiast.

Ik geloof dat mijn ouders tot vandaag trots zijn op de paar spullen die ze hebben bemachtigd en die anderen niet hadden. Daarbij hoort ook de glasplaat voor het bureau van mijn broer, die hij krijgt als hij voor het eerst naar school gaat.

'Waarvoor had hij eigenlijk een glasplaat op zijn houten bureau nodig?' vraagt Jan aan mijn moeder als ze het verhaal vertelt.

'Om het bureaublad te beschermen,' zegt mijn moeder verontwaardigd. Wat een vraag. Een bureau was nog moeilijker te krijgen dan een glasplaat.

Mijn broer krijgt de glasplaat een dag voor zijn eerste schooldag. Hij is zeven jaar en heel bijdehand. Een uur nadat hij uit school is, zit er een barst in de glasplaat. Hij kan er niets aan doen, het was zijn voetbal. Wekenlang heeft hij moeten aanhoren dat mijn ouders een glasplaat hadden bemachtigd. Hun aanzien in de kennissen- en familiekring is er aanzienlijk door gestegen. En nu is de glasplaat kapot. Mijn broer wil van huis weglopen. Omdat dat niet zo eenvoudig is als je zeven bent, loopt hij eerst maar eens naar de binnenplaats. Mijn moeder, die op zijn eerste schooldag zijn lievelingseten heeft gemaakt, is tijden bezig om hem voor het avondeten binnen te krijgen.

Na het eten vraagt mijn onmuzikale broer aan mijn ouders om met hem te zingen. Ze zingen tot negen uur, dan moet hij naar bed.

'Alsjeblieft, alsjeblieft, nog één liedje,' bedelt mijn broer. Als hij wil kan hij heel lief kijken, en hij bedelt nog zeven liedjes bij elkaar.

'Maar nu naar bed. Vooruit!' zegt mijn moeder en ze wil hem naar zijn kamer brengen.

'Ik ga vandaag zelf naar bed. Ik ben nu groot en ga naar school. Ik hoef niet meer naar bed gebracht te worden,' zegt mijn broer tegen mijn ouders.

Mijn ouders zijn trots op hem. Zo trots, dat ze het niet kunnen laten om nog even zijn kamer in te gaan om hem een nachtkus te geven. Dan zien ze de gebarsten glasplaat.

'Kun je je voorstellen hoe moeilijk het was om hem te bemachtigen? Kun je je dat voorstellen?' vraagt mijn moeder.

Ik ken het verhaal al. Jan kent mijn moeder goed genoeg om geen antwoord te geven.

'Nee, je kunt je niet voorstellen hoe het was om die glasplaat te krijgen!' geeft mijn moeder zichzelf antwoord.

# 34

Gorbatsjov is een oude partijfunctionaris, en hoe graag de mensen ook in de perestrojka willen geloven, toch vragen velen zich af of hij, die door de communistische partij is gevormd tot wie hij is, de juiste man is om het land te hervormen.

Er zijn anderen op wie de hoop is gevestigd. Een van hen is Anatoli Sobtsjak, de burgemeester van Sint Petersburg. Wij kinderen horen onze ouders zo vaak enthousiast over hem praten dat we tijdens het spelen op de binnenplaats besluiten om politiek actief te worden. We trekken de verkiezingsaffiches van de andere politici die voor de burgemeesterspost zijn voorgedragen van de reclamezuilen, verfrommelen ze en gooien ze bij het afval. Een van ons houdt de straat in de gaten. We gaan zo in onze politieke missie op dat geen van ons eraan denkt dat er ook iemand uit het gebouw, van de andere kant dus, kan komen. Ik trek net aan een folder als iemand plotseling mijn arm pakt.

'Wat moet dat, stelletje kleine vandalen?' roept een schrille vrouwenstem vlak bij mijn oor. Mijn vrienden doen een paar stappen naar achteren en blijven op een veilige afstand besluiteloos staan.

'Kinderen zoals jij zijn de toekomstige criminelen!' De vrouw maakt zich druk om mijn opvoeding en negeert de anderen. Ze heeft mijn arm nog steeds vast. 'Ik bel de politie! Of ik breng je meteen naar ze toe! Wat doen je ouders, waarom letten ze niet op je?' gaat ze op dezelfde schrille toon verder.

Ik zwijg en ben bang. Ik wil niet naar de politie, ik ben geen crimineel.

'Laat haar onmiddellijk los!' klinkt plotseling de stem van mijn beste vriendin, die op de uitkijk heeft gestaan. 'Ze vecht voor onze stad! We hebben hervormingen nodig, en Sobtsjak is de enige die ons kan helpen!' Wat hervormingen zijn weten we niet precies, we zijn pas acht, maar die zin hebben we al heel vaak van onze ouders gehoord.

De vrouw is zo perplex over dit politieke betoog dat ze me even loslaat. Ik ren weg, met de anderen achter me aan.

Op de avond van de verkiezing wachten mijn ouders gespannen op het resultaat. Sobtsjak wordt tot burgemeester gekozen. Ik heb eraan meegewerkt, denk ik, als ik zie hoe blij mijn ouders zijn, maar ik vertel het niet. Ik weet niet wat ze van mijn verkiezingsstrijdmethode zouden vinden.

Een van de grote hervormingen die Sobtsjak doorvoert, is de naamsverandering van Leningrad in Sint Petersburg, wat het symbool van de perestrojka wordt. Het referendum daarover vindt in de zomer plaats, ik ben in de datsja en ben heel verdrietig dat ik de opwinding in de stad niet meemaak. Ik moet de perestrojka toch helpen. Omdat er op het platteland, waar de datsja's staan, geen stemlokalen zijn en alle grootouders die voor hun kleinkinderen zorgen niet kunnen stemmen, bouw ik onze gereedschapsschuur om tot stemlokaal. Met mijn vrienden teken ik stembriefjes, die we naar alle met de fiets bereikbare datsja's brengen. Iedereen die we zo'n briefje geven, drukken we op het hart dat ze vóór de naamsverandering van onze stad moeten stemmen.

De opkomst bij onze datsja is klein, de meeste volwassenen doen geen moeite om voor dit spel naar de gereedschapsschuur te komen. Degenen die komen kiezen, voornamelijk de naaste buren en onze grootouders, stemmen allemaal vóór de naamsverandering. In de stad is maar eenenvijftig procent van de kiezers voor. Leningrad heet nu Sint Petersburg, en ik heb opnieuw aan de perestrojka meegewerkt.

In het nieuwe schooljaar krijgen we een nieuw klasgenootje. Ze heet Xenija Sobtsjak, en trots vertel ik aan al mijn familieleden dat de dochter van onze grote burgemeester in mijn klas zit. Xenija wordt door bodyguards naar school gebracht, omdat haar ouders bang zijn dat er een aanslag op haar zal worden gepleegd, er zijn veel tegenstanders van de hervormingen in Rusland. Voor de pauzes neemt Xenija cola en westerse chocoladerepen mee naar school, en iedereen wil bevriend met haar zijn. Er wordt gezegd dat ze thuis een monopolyspel heeft.

Ik zit op een zogenaamde 'Engelse school', daarvan zijn er maar heel weinig in Sint Petersburg. We leren vanaf de tweede klas Engels. Mijn moeder heeft al haar kennissen en verwanten gebeld, tot ze ten slotte met behulp van talrijke aanwijzingen een lerares van deze school had gevonden, die in onze buurt woonde. De lerares vond mij lief, bovendien kreeg ze meerdere blikjes kaviaar van mijn moeder. Ik vraag me af waar ze die had opgeduikeld, en dus mag ik het toelatingsexamen doen. Ik slaag.

Als Xenija Sobtsjak in onze klas komt, hebben we al meer dan een jaar Engelse les. Ze spreekt geen woord Engels, maar krijgt privéonderwijs van de schooldirectrice in eigen persoon. Ik ben goed in Engels en soms help ik haar met haar huiswerk. We raken bevriend. Mijn beste vriendin is jaloers, kinderen uit alle klassen kijken plotseling tegen me op. Ik nodig Xenija uit om bij mij thuis te komen spelen en mijn familie is heel opgewonden, omdat de dochter van Sobtsjak komt. De volgende dag zegt ze dat haar moeder het om veiligheidsredenen helaas niet goedvindt dat ze met mij mee naar huis gaat.

# 35

Aan het eind van de derde klas mocht je in Rusland pionier worden. Tijdens een groot feest kreeg je een rode halsdoek, die vanaf dat moment bij het schooluniform hoorde. Hoewel het vroor, kwam mijn broer op de dag dat hij pionier werd zonder jas naar huis, omdat hij zijn rode halsdoek aan de hele wereld wilde laten zien. We groeiden op met het geloof dat er op de wereld een perfect mens had bestaan: Lenin. Er waren ontelbare verhalen over hem als kleine jongen, die beschreven wat een goed, verantwoordelijk kind hij was geweest. Zo had hij een keer een dure bloemenvaas van zijn tante gebroken en had hij dat ondanks een dreigend pak slaag aan haar opgebiecht. Op de kleuterschool leerden we dat we moesten proberen om net als de kleine Vladimir Lenin te zijn. Ik benijdde mijn broer om zijn rode halsdoek.

Als ik in de derde klas kom, ligt het begrip perestrojka op ieders lippen en is het vereren van Lenin ongeoorloofd. De pioniers zullen blijven bestaan, zo wordt van officiële zijde gemeld, maar de leerlingen mogen zelf beslissen of ze er een willen worden. Als het grote moment, het feest waar ik al jaren naar uitkijk, is aangebroken, draag ik mijn mooiste witte schooluniformschort.

Ik ben als derde aan de beurt. De twee jongens, wier namen met een A beginnen, lopen naar het midden van de aula en nemen hun halsdoeken aan. In de zaal wordt geklapt.

'Anja Buchmann,' roept de schooldirectrice.

Met hoog opgeheven hoofd loop ik naar haar toe, ik ben niet bang voor al die mensen.

'Anja Buchmann, vandaag word je een pionier,' zegt de schooldirectrice plechtig. Boven haar hangt een portret van Lenin.

'Dat wil ik niet. Ik ga niet bij de pioniers,' zeg ik luid en duidelijk, mijn stem trilt bijna helemaal niet. Ik ben de eerste van de school die deze zin uitspreekt. Bijna de hele klas doet me na, en het jaar daarop is de inwijding tot pionier helemaal verdwenen. De perestrojka is begonnen.

# 36

Pas in de metro op weg naar huis sta ik mezelf toe om na te denken. Ik ben uitgeput na de tweede nacht in de bus. Het is halftien 's ochtends, Jan is vast al naar zijn werk, en ik verheug me er heel erg op om me op mijn bed te laten vallen, de deken over mijn hoofd te trekken alsof het een tent is, en te slapen, zo vast te slapen dat ik alles vergeet.

Ik moet het tegen Jan zeggen, ik weet dat ik dat moet doen. 'Waarom?' zal hij vragen. Ik weet dat hij niet boos zal worden, hij zal ook niet tegen me schreeuwen, maar hij zal er verdrietig uitzien, zo verdrietig dat alleen bij de gedachte aan de blik in zijn ogen mijn hart al breekt. Niemand mag Jan pijn doen. Ook ik niet.

'Waarom?' Ik zoek een antwoord op die vraag. Waarom heb ik hem gekust? Omdat ik verliefd ben? Omdat hij fantastisch kan zoenen? Omdat ik me weer voel alsof ik vijftien ben, zo verliefd dat ik aan niets anders kan denken dan aan Ilja, Ilja, Ilja? Omdat ik een glas wijn heb gedronken? Omdat Jan er niet is? Omdat Parijs de stad van de liefde is? Omdat ik stom ben, gewoon stom?

Ik denk aan Ilja en aan de terugreis, aan hoe we voor de grap hebben geruzied over wie er bij het raam mocht zitten, aan hoe we later in slaap vielen, zijn hoofd op mijn schouder, en ik uit het raam staarde, klaarwakker en tevreden, gewoon tevreden. En hoe het 's ochtends steeds moeilijker leek, naarmate de bus dichter bij München kwam, moeilijk en onoplosbaar. Ik denk eraan dat Ilja me vroeg wat ik dacht, een vrouwenvraag eigenlijk, en dat ik mijn hoofd schudde, omdat ik niets wilde zeggen. Niet wilde zeggen dat ik aan Jan denk, nu toch aan Jan denk, alleen nog aan Jan denk en dat ik niet meer weet hoe het verder moet.

'Ik ben gewoon moe,' antwoordde ik en vlak daarna bedacht ik of ik hem zou vragen waar hij aan dacht, maar ik deed het niet. Ilja vroeg me om folders van het reisbureau aan de reizigers uit te delen, alsof er niets aan de hand was, alsof alles was zoals het moest zijn.

Bij het afscheid had hij me omhelsd en gekust – alleen op mijn wangen – en had gezegd dat ik moest uitslapen, dat zou hij ook doen. Hij had niet gevraagd wanneer we elkaar weer zouden zien, bedenk ik als ik uit de metro stap, maar dat kan me niet schelen. Van de metro naar ons huis is het maar vijf minuten lopen en plotseling wil ik dat Jan thuis is, dat hij op me wacht en me in zijn armen neemt en tegen me zegt dat alles goed is tussen ons, dat alles is zoals het was, dat we bij elkaar horen. Ik ga sneller lopen, maar als ik naar adem snakkend thuiskom durf ik niet te bellen, om het zwijgen van de deurzoemer niet te hoeven horen, want eigenlijk weet ik wel dat Jan al een paar uur geleden is vertrokken. We wonen op de derde verdieping en als ik bij onze voordeur ben, ben ik buiten adem. Ik zoek de sleutel in mijn tas, langzaam, Jan, wees alsjeblieft thuis, er bestaan soms wonderen, wees thuis, zeg me dat je ondanks alles van me houdt. Zeg me dat ik ondanks alles van jou hou.

Ik moet de sleutel twee keer omdraaien, Jan is er dus niet en ik ben teleurgesteld, hoewel ik wist dat het zo zou zijn. In de keuken staat de vaat opgestapeld, dat verwachtte ik wel, maar in plaats van geïrriteerd te zijn moet ik er plotseling om lachen. Het is een beetje alsof ik de stapel smerige borden, bestek en glazen voor het laatst zie, alsof ik me het beeld moet inprenten, het moet vasthouden als op een foto.

Ik schud die domme gedachte van me af en loop naar

de slaapkamer. Ik gooi mijn reistas in de hoek, mijn kleren op de grond en trek een oud T-shirt van Jan aan. Op het bed ligt een briefje, het is een folder van een feest, op de achterkant staat een berichtje van Jan:

'Anjetschka! Fijn dat je er weer bent! Ik heb je heel erg gemist, nu niemand 's nachts mijn deken stal. Ik hoop dat je wat voor me hebt meegebracht! Tot vanavond, je Jan! P.S. Je moeder heeft elke dag gebeld om te vragen hoe het zonder jou met me ging.'

Om de laatste zin moet ik lachen. Maar dan lees ik het briefje nog een keer en plotseling komen de tranen, ik heb last van schuldgevoelens, het is alsof ik er helemaal geen recht op heb en ik daarnet het briefgeheim heb geschonden. Het is een briefje voor Anjetschka, voor de lieve Anjetschka, die niet met haar ex-vriend rotzooit. Ik leg het briefje onder mijn kussen, alsof dat zou helpen. Het is hartje zomer en ik heb het koud. Slapen en vergeten wil ik, heel diep slapen.

Voordat ik in slaap val – mijn ogen zijn dicht – vraag ik nog een keer: waarom? De vraag draait als een wervelstorm in mijn hoofd en net zo onaangenaam in mijn buik rond en laat me niet met rust. Waarom? Waarom heb ik hem gekust? Waarom heb ik het gedaan?

Vlak daarna denk ik nog: waarom ben ik niet met hem naar bed geweest?

# 37

Tijdens mijn eerste Duitse zomer in het kamp lees ik veel. Ik word lid van de bibliotheek en leen zes boeken voor de zomer, en aan de hand daarvan leer ik Duits. Ik begin met Astrid Lindgren, haar kinderboeken ken ik in het Russisch bijna uit mijn hoofd en na de eerste paar bladzijden, waarvan ik hoogstens een paar woorden begrijp, begin ik te beseffen wat de Russische tegenhangers van de Duitse zinnen zijn. Kalle Blomquist, Eva-Lotta en Anders spelen in een kasteelruïne, ik lig in het gras naast het kamp en herhaal het woord in mezelf: 'Kasteelruïne, kasteelruïne, kasteelruïne.' Voor het eerste boek heb ik meer dan twee weken nodig, terwijl ik zowat de hele dag lees.

Als de zomervakantie voorbij is, heb ik niet het gevoel dat ik mijn Duits heb verbeterd, en ik heb helemaal geen zin om het baksteenkleurige gebouw weer te betreden. In een brief stond dat ik in 4a zou komen, bij een leraar die Wolf heet. Ik ben opgelucht dat ik niet in de klas kom van de schooldirectrice, mevrouw Kraus. Bij de brief zat een lijst met schoolspullen die ik nodig heb. Mijn ouders overleggen met Ilja's familie, zij wonen al een paar maanden langer in Duitsland en Ilja gaat hier al twee maanden naar school. Ilja's moeder vertelt dat er in Duitsland genummerde schriften bestaan. Ze neemt ons mee naar een warenhuis en mijn ouders en ik zoeken verbaasd de verschillende schriften en bijbehorende gekleurde kaften bij elkaar. Op de lijst staan ook nog waterverf en een penseel, die echter een vermogen kosten. De wereldwijze familie neemt ons mee naar een Turkse winkel, waar goedkope waterverf wordt verkocht. Een week voor het begin van de school neemt mijn vader een Duits etui voor me mee, eentje met twee ritssluitingen, dat open kan klappen. Daarin zit alles wat ik me maar wensen kan, kleurpotloden, vlakgom, liniaal, zelfs een lesrooster. Ondanks de protesten van mijn ouders leg ik het elke dag naast mijn kussen. Mijn vader is de allerbeste.

In de nacht voor de eerste schooldag droom ik dat mijn toekomstige leraar, meneer Wolf, twee meter lang is, hij schreeuwt in mijn droom tegen me, ik moet iets doen, maar ik begrijp niet wat hij zegt. Hij wordt steeds luidruchtiger en plotseling ben ik klaarwakker, terwijl het nog niet eens vijf uur is. Val in slaap, zeg ik tegen mezelf, val in slaap, anders ben je straks moe op school. Maar het lukt niet. Ik staar naar het plafond, bedenk hoe ik het voor elkaar kan krijgen om nog voor zeven uur ziek te worden en durf me nauwelijks om te draaien, omdat ik bang ben dat ik mijn familie wakker maak.

Mijn moeder brengt me naar school. In Rusland viel de eerste schooldag altijd op 1 september, dat was een feestdag. Onze schooluniformen, normaal gesproken een bruine jurk met een zwart schort voor meisjes, werden op deze dag feestelijk opgesierd met een wit schort. Alle klassen werden op het schoolplein in rijen opgesteld, bijna ieder kind had bloemen voor de lerares mee. Op mijn eerste schooldag in Duitsland ravotten de leerlingen in kleurige kleren op het schoolplein, de klassen vermengen zich, voor mij is het één krioelende kleurrijke vlek.

Het lokaal van klas 4a is op de tweede verdieping. Als de bel gaat, lopen mijn moeder en ik met de andere kinderen naar boven. Behalve de leerkrachten is mijn moeder de enige volwassene tussen alle leerlingen, en ik weet niet of ik dat vooral pijnlijk vind of dat ik haar hand zal pakken en nooit meer los zal laten. Ook voor het lokaal gaan mijn nieuwe klasgenootjes niet in een rij staan, zoals ik gewend ben. Ze zijn luidruchtig, spelen, lachen, en de leerkrachten die langslopen mopperen niet.

Meneer Wolf is lang niet zo groot als de leraar in mijn droom, maar toch ben ik bang voor hem. Hij heeft een snor en draagt een ribfluwelen broek.

'Hallo, meneer Wolf!' roepen de kinderen, ze huppelen om hem heen en zeggen iets wat ik niet begrijp.

Mijn moeder loopt naar hem toe, legt hem uit dat ik zijn nieuwe leerlinge ben, dat ik niet zo goed Duits spreek en dat ik daarom nerveus ben.

'Goedemorgen,' zegt meneer Wolf gejaagd maar vriendelijk tegen mijn moeder. 'We redden het wel met haar!' Hij praat heel erg Zwabisch, wat ik maar moeilijk begrijp, legt zijn hand op mijn schouder en duwt me in de richting van het lokaal. Ik draai me naar mijn moeder om, wil haar zeggen dat hij het niet begrepen heeft, dat hij niet voor me zal zorgen, maar ze zegt 'ga, ga' tegen me, en voordat ik iets kan zeggen ben ik in het klaslokaal.

Meneer Wolf zet me aan een tafel bij vijf meisjes. Een van hen, ik kan de betekenis van zijn woorden alleen maar gissen, is ook een Russin. Ina heet ze, ze zegt 'hallo' tegen me in het Russisch en plotseling ben ik opgelucht. Alle meisjes aan mijn tafel zijn buitenlands. Ze komen uit Kroatië, Polen en Joegoslavië. Ze praten in het beste geval een heel eenvoudig, deels zelfs gebroken Duits, maar het zal nog maanden duren voordat ik dat doorheb. Op mijn eerste schooldag wil ik de taal dolgraag net zo goed beheersen als zij.

Meneer Wolf is aardig. Ik begrijp weliswaar nauwelijks wat hij zegt, maar hij vraagt telkens weer of alles goed is en vraagt Ina voor me te vertalen. Tegen de kinderen zegt hij dat ik uit Rusland kom en nog niet zo goed Duits spreek. Achter in het klaslokaal heeft hij een werkplek gemaakt, waar we mogen knutselen, in een hoek staan muziekinstrumenten waarop iedereen mag spelen. Als iemand naar het toilet moet, mag hij gewoon opstaan en tijdens de les het lokaal uit gaan.

Meneer Wolf heeft de eerste schooldag een zelfgebreide sjaal bij zich en wol in net zoveel kleuren als er kinderen in de klas zitten. Iedereen krijgt een bolletje wol, ik ook. Ik ben verbaasd, maar blij dat we op school gaan breien. Breien kan ik, dat heb ik jaren geleden al van mijn moeder geleerd. Ina vertaalt voor me dat meneer Wolf ons leert breien. We breien allemaal tien toeren met onze kleur. Dan geven we ons breiwerk door, en iemand anders breit met zijn kleur aan de sjaal verder. Aan het eind van het schooljaar heeft ieder kind als herinnering een sjaal, waaraan de hele klas heeft meegebreid. Ik heb donkergroen gekregen.

In de grote pauze wil ik op het schoolplein de andere kinderen van mijn kamp gaan zoeken, maar Ina roept me, ik moet met haar mee. Ze zit met de andere meisjes van onze tafel in een hoek te eten. Ik ga naar ze toe, een beetje verlegen, maar heel trots op de rode broodtrommel die mijn ouders in de zomervakantie voor me hebben gekocht en die helemaal niet verschilt van hun trommels. De meisjes glimlachen tegen me als ik dichterbij kom en ik voel me heel Duits. Plotseling hoop ik dat de andere kampkinderen me niet zullen zoeken, plotseling schaam ik me voor mijn vrienden omdat ze zo Russisch zijn. Ik heb nu Duitse vrienden.

Na de grote pauze hebben we wiskunde. De opdrachten zijn heel makkelijk voor me, het onderwerp hebben we in Rusland al twee jaar geleden behandeld. Omdat ik de uitleg van meneer Wolf niet begrijp, reken ik gewoon stil voor mezelf en merk helemaal niet dat ik mijn klasgenootjes na tien minuten al bladzijden voor ben. Ina kijkt steeds weer in mijn schrift, verbaasd omdat ik zo snel kan rekenen, en vraagt of ze van me mag overschrijven. Zoveel succes had ik op mijn eerste dag niet verwacht.

Meneer Wolf ziet het gerommel aan onze tafel en vraagt wat er aan de hand is. Nieuwsgierig, niet boos.

'Anja kan heel goed rekenen. Ze is al op bladzijde twaalf,' vertelt Ina.

Meneer Wolf komt naar onze tafel, kijkt in mijn schrift en zegt iets tegen de klas wat ik niet begrijp. Ik moet naar voren komen. Ik loop opgewonden naar het bord, ik hoop dat ik niets hoef te zeggen, alleen mag schrijven. Getallen opschrijven kan ik.

Meneer Wolf schrijft een som op het bord. Het is een moeilijkere som dan die in het boek, misschien wil hij de anderen laten zien wat ik al kan. Het antwoord is gemakkelijk, maar meneer Wolf houdt het krijtje in zijn hand en kijkt me verwachtingsvol aan. Ik durf het krijtje niet uit zijn hand te pakken, erom vragen kan ik niet omdat ik het Duitse woord voor krijtje niet ken. Mijn hersenen kraken, het Duitse getallensysteem is ingewikkeld, ik moet iets omdraaien, ik weet alleen niet meer wat. En er moet 'en' tussen de twee getallen, dat weet ik zeker.

'Drieënveertig,' zeg ik na een tijdje. Het is echt een makkelijke som. Dat moet ik mijn vader vertellen.

Meneer Wolf kijkt me aan. Hij zegt niets. De klas is ook stil.

'Dat klopt helaas niet,' zegt meneer Wolf. Hij kijkt niet boos, maar ik voel me voor schut staan, terwijl de dag toch goed was begonnen, zo goed. Ik wil naar huis. Drieenveertig, het is toch heel makkelijk. Ik ga naar het bord, ik zal de berekening voor hem opschrijven, ik kan goed rekenen. Ik zal het iedereen laten zien!

'Stop!' zegt meneer Wolf.

Ik blijf als aan de grond genageld staan, ik heb iets verkeerd gedaan terwijl ik alleen wilde laten zien hoe ik het heb uitgerekend, misschien werken ze hier op een andere manier met getallen? Ik wil naar huis.

Meneer Wolf heeft een brede glimlach op zijn gezicht en legt zijn hand op mijn schouder.

'Ik snap het!' roept hij opgewonden, als een klein kind dat blij is. Ik zou graag blij met hem zijn, maar ik weet niet waarom hij blij is.

Hij geeft me het krijtje. 'Schrijf de oplossing maar op het bord, Anja,' zegt hij vriendelijk. Ik schrijf het getal op. Meneer Wolf lacht. De leerlingen kijken verbaasd, ik vind het helemaal niet grappig.

'Dat is vierendertig,' zegt meneer Wolf. Dan draait hij zich naar de klas en legt uit dat in sommige talen de getallen met twee cijfers anders worden genoemd, dat het tweede getal voor het eerste komt. 'Anja moet dat nog leren. We zullen haar helpen om de getallen uit te spreken, en zij zal ons helpen met rekenen. Ze is nu onze wiskunde-expert. Oké?' De leerlingen knikken, meneer Wolf kijkt me bemoedigend aan.

'Heb je het begrepen? Het is vierendertig.'

Ik heb het begrepen. In Duitsland rekenen ze niet anders dan in Rusland. Drieënveertig is gewoon vierendertig. Meneer Wolf is een aardige leraar en school is helemaal niet zo erg.

Later komt meneer Wolf naar me toe en vraagt wat ik graag doe. 'Sport? Bespeel je een muziekinstrument? Teken je graag?'

'Lezen,' zeg ik trots omdat ik hem heb begrepen. 'Boek,' voeg ik er nog aan toe, voor het geval hij het niet heeft gesnapt.

'Boek?' vraagt meneer Wolf. Ik ben blij dat hij zo lang met me praat. 'Verhalen? Schrijf je graag verhalen? Wil je een verhaal schrijven?'

Wat bedoelt hij daarmee? Ik kan toch helemaal niet schrijven. Niet in het Duits. Ik kan nauwelijks lezen.

'Ja,' antwoord ik. Mijn moeder kan me misschien helpen. Geen idee wat ik me hiermee op de hals haal.

'Fantastisch. Schrijf je een verhaal over Sint Petersburg? Dat helpt je vast ook bij het Duits leren.'

Sint Petersburg is goed. Daar weet ik veel van. Ik knik.

In de les vertelt hij de leerlingen dat de klas een schrijf-club heeft en dat ik een verhaal over Sint Petersburg ga schrijven, nieuwe leden zijn welkom. Drie meisjes van een tafel in de hoek tegenover me geven zich op. Ze glimlachen naar me. Ik glimlach terug. Niet veel later zullen we met z'n vieren twee middagen per week bij elkaar komen om te schrijven, we worden de beste vriendinnen.

'Jullie zijn nu echte schrijfsters,' zegt meneer Wolf. Ik schrijf 'sgreifsta' op een briefje, zodat ik het woord later in het woordenboek kan opzoeken.

Mijn moeder haalt me van school. Ik heb een bolletje donkergroene wol bij me en ik ben wiskunde-expert en schrijfster.

De volgende dag zeg ik tegen mijn moeder dat ze thuis kan blijven, ze hoeft me niet meer te brengen, ik ben niet meer bang voor school.

Meneer Wolf heeft ansichtkaarten van Sint Petersburg voor me meegenomen: de ophaalbrug, de Neva bij nacht, de Hermitage. Ik kan mijn verhaal ermee illustreren. Het verhaal heet *Mijn witte nachten*.

# 38

Na de kus liepen Ilja en ik nagenoeg zwijgend naar het hotel. Het duurde minstens een halfuur, Ilja hield mijn hand vast en vroeg of ik het koud had, hij bood me zijn spijkerjack aan. Het jack was me veel te groot, behaaglijk groot, ik stroopte de rechte mouwen op, zodat we elkaars hand beter vast konden houden. Af en toe keken we steels naar elkaar, ik merkte dat Ilja keek, maar ik zei niets. Eén keer draaiden we onze hoofden op hetzelfde moment naar elkaar toe en Ilja glimlachte lief en gelukkig. Stralend. Ik glimlachte ook naar hem en keek toen weer de andere kant op, naar de Seine.

's Ochtends had Ilja de kamers over ons reisgezelschap verdeeld. Er waren geen eenpersoonskamers, alleen twee- en driepersoonskamers. Ik was ervan uitgegaan dat ik met een van de vrouwen een kamer zou delen, maar Ilja drukte een sleutel in mijn hand en zei: 'Als je wilt kun je al naar onze kamer gaan om je te douchen of zo.' Ik zei niets en pakte alleen de sleutel aan.

Hoe dichter we bij het hotel kwamen, des te ellendiger voelde ik me. Ik dacht niet aan Jan, ik dacht eigenlijk helemaal niet, ik had alleen last van hartkloppingen en beefde een beetje van opwinding, als plankenkoorts, maar dan beter.

Vlak voor het hotel bleef Ilja staan. 'Is alles goed met je?' vroeg hij, terwijl hij me naar zich toe trok. Hij trok me midden op straat naast een café naar zich toe alsof het de gewoonste zaak van de wereld was.

'Ja,' zei ik, maar ik voelde me niet mezelf, eerder een

vrouw die in een film speelde. 'Ik heb het alleen koud,' zei ik.

'Ik heb een fles wijn meegenomen, die maken we zo open, de alcohol zal je verwarmen,' zei Ilja.

Wist zijn vriendin daarvan?

In de kamer maakte Ilja de wijn open, het was een dure rode wijn, Ilja is een wijnkenner en -liefhebber, en is altijd bereid om veel geld uit te geven voor een bijzondere fles, hij had ook een kurkentrekker bij zich. Ilja schonk de wijn in de tandenpoetsbekers uit de badkamer, het was zonde van de wijn, zei Ilja, hoewel het eigenlijk niet belangrijk was waaruit je dronk, maar met wie je dronk. Hij knipoogde naar me.

Het bed was Frans, met een grote tweepersoonsmatras. We zaten in kleermakerszit in het midden, zo dicht bij elkaar dat we elkaar gemakkelijk hadden kunnen zoenen als we dat hadden gewild. Ik wilde. Absoluut. En ik was bang.

'Waar drinken we op?' vroeg Ilja.

'Jij begint,' zei ik, koket glimlachend terwijl ik recht in zijn ogen keek. 'Dan kan ik over de volgende toost nadenken.'

'Goed. Dan drinken we op een fantastische, onvergetelijke avond in de kitscherige stad van de liefde en op alle bijzondere momenten die ik met je heb mogen delen. En ik drink op mijn eerste grote liefde, op de vrouw die ik niet vergeet, op de vrouw die ik nog steeds adembenemend vind.'

In mijn gedachten hoor ik Jan plotseling giechelen, Jan, die altijd moet lachen om zulke kitscherige, filmische uitspraken, Jan, die alleen 'ik hou van je' zegt en dat ook meent. Ik keek naar mezelf, zoals ik met Ilja toostte en verlegen lachend tegen hem zei: 'Ik had niet gedacht dat ik zoiets nog een keer uit jouw mond zou horen.'

'Wat een casanova,' hoorde ik Jan in mijn gedachten

commentaar geven, ik keek naar mezelf terwijl ik met Ilja flirtte, hem complimentjes teruggaf, zogenaamd toevallig zijn arm aanraakte. Ik zag hoe Ilja nog meer wijn voor ons inschonk en hoorde hem het lied neuriën dat al die jaren geleden 'ons lied' was geweest. Ik zat naast mezelf en kon niet geloven wat ik deed. Ik geloofde niet dat ik degene was die zich op een bepaald moment naar Ilja toe boog en hem kuste omdat hij, de grote verleider, te lang wachtte, me te lang in spanning liet. Ik kuste hem, hartstochtelijk en zo verleidelijk mogelijk, en plotseling was Jan uit mijn gedachten verdwenen.

Ik weet niet hoe lang we elkaar zoenden. Op een bepaald moment legde ik mijn bril op het nachtkastje, op een bepaald moment zette Ilja de tandenpoetsbekers en de wijnfles weg, op een bepaald moment gingen we liggen.

Toen we stopten, deden mijn lippen pijn en was mijn verstand teruggekeerd.

'Wat zou je vriendin hiervan zeggen?' vroeg ik aan Ilja, terwijl ik een stuk bij hem vandaan schoof om beter naar hem te kunnen kijken.

'Bedoel je mijn ex-vriendin?' vroeg hij terug.

'Ex-vriendin? Ik bedoel degene met wie je een relatie hebt. Degene over wie je me vorige week nog vertelde,' zei ik een beetje ongerust.

'We zijn een paar dagen geleden uit elkaar gegaan. Ze is dus mijn ex-vriendin.'

Ik lag daar maar en zei niets, omdat ik bang was hem de vraag naar het 'waarom' te stellen, ik voelde me plotseling alleen in mijn schuld. Terwijl we elkaar zoenden, was ergens in mijn hoofd het tragische verhaal ontstaan van een liefdespaar dat elkaar door afschuwelijke omstandigheden uit het oog was verloren en elkaar jarenlang niet had gezien. Als de twee elkaar toevallig weer tegenkomen, kunnen ze niet anders dan de al die tijd onderdrukte ware gevoelens de vrije loop laten. Nu was dat mooie verhaal geruïneerd, als een luchtbel uit elkaar gespat door één messcherp woord: ex-vriendin. Wat overbleef was ik, die mijn fantastische, trouwe, liefhebbende vriend bedroog, die aangeschoten met mijn charmante, ontzettend knappe, verleidelijke ex-vriend in een schamele hotelkamer in Parijs als een verliefde tiener lag te rotzooien.

Ik staarde naar Ilja, die naast me lag, zijn hand had bezit genomen van mijn heup, een paar vingers staken onder mijn topje, wat opwindend was, hij zei niets.

Hij glimlachte naar me met stralende ogen, zijn hand schoof steeds verder onder mijn topje. Hij leek zijn ex-vriendin alweer uit zijn gedachten verbannen te hebben.

'Waarom zijn jullie uit elkaar gegaan?' vroeg ik eindelijk, om het te begrijpen, om tijd te rekken.

Ilja haalde zijn schouders op, onwillig om zich over het onderwerp uit te laten. 'Dat is niet zo gemakkelijk te zeggen.'

'Noem me ten minste één reden,' vroeg ik door en ik negeerde zijn hand, die mijn rug heel teder en heel zelfbewust streelde.

Ilja zuchtte, maar stopte niet met strelen. 'Je wilt het per se horen, nietwaar? Dit hier is absoluut een reden. Niet de enige, maar één van de redenen,' zei hij. Hij schoof naar me toe en zoende me. Hartstochtelijk. Eisend. Onweerstaanbaar.

Ik weet niet meer waarom ik 'nee' zei. 'Nee', als in een slechte en preutse Amerikaanse film. Ik zei het veel te hard en eigenlijk veel te laat, Ilja keek me geschrokken aan, maar hij vroeg niets en eiste niets. Ilja, de gentleman. Ilja, de verleider die nooit iets had geëist, maar me altijd zover had gekregen dat ik zelf wilde. Ilja, die alleen tegen me zei dat ik als eerste in de badkamer mocht en vroeg of hij straks mijn tandpasta mocht lenen. Ilja, die me later omhelsde en me een nachtkus in mijn hals gaf.

En mijn slechte geweten, dat zich op dat moment weer meldde. Jan, die me in mijn droom bloemen gaf, wat hij in werkelijkheid bijna nooit doet.

# 39

Sinds de perestrojka zijn er in de musea en theaters van Sint Petersburg twee kassa's. Bij de ene wordt met dollars betaald, bij de andere met roebels. De rij voor de dollar-kassa is aanzienlijk korter; hoeveel westerse toeristen er ook naar Rusland komen, hun aantal is niet te vergelijken met het aantal inwoners van Sint Petersburg, voor wie een cultureel programma met tentoonstellingen, stadsrond-leidingen, concerten of theater in het weekend bij het leven hoort. Aan cultuur wordt in Rusland veel waarde gehecht. Toen ik vier was kreeg ik mijn eerste theater-abonnement voor kinderen. De toegangskaarten voor buitenlanders zijn duurder, voor ons zo onvoorstelbaar duur dat niemand uit de Russische rij op het idee zou komen om voor de andere kassa te gaan staan. Vanuit westers oogpunt en vergeleken met de prijzen in Amerika of Duitsland kost het bijna niets.

Hoe goed de voorstelling ook is, het mooiste van het theater is het applaus aan het eind. Ik klap altijd zo hard dat mijn handen helemaal rood zijn. Voor de voorstelling bedel ik bij mijn ouders of ze een bos bloemen voor me kopen, die ik aan het eind van de voorstelling aan de acteurs kan geven. 'Ze moeten voor hun werk bedankt worden. Ze doen zo hun best om bij ons in de smaak te vallen,' argumenteer ik betweterig. Naar het podium lopen en de bos bloemen naar boven aangeven is een opwin-dend, onvergetelijk gevoel, een beetje alsof ik zelf een actrice ben.

Het op één na mooiste aan het theater is de pauze. Je

kunt het theatergebouw bekijken, naar het podium en de orkestbak lopen, al die opgedofte, prachtige mensen om je heen bewonderen, een programma kopen. En dan is er het theatercafé. Dat is het allermooiste. De rij is enorm, er zijn drankjes en belegde broodjes, die niet geweldig smaken, maar het is heel opwindend om in het theater te eten. Sinds kort zijn er in het theatercafé twee kassa's. Een is voor de buitenlanders. Mijn beste vriendin Nadja en ik lopen naar de vitrine en kijken wat ze vandaag hebben, terwijl mijn moeder, die ons heeft meegenomen naar een balletvoorstelling, in de rij gaat staan. Aan de ene kant liggen broodjes kaas, aan de andere prachtig met salade en tomaten gegarneerd brood met zalm en kaviaar, rode zalmkaviaar op verse baquettes.

'We willen er een met zalm en een met kaviaar,' zeg ik na onze verkenningstocht tegen mijn moeder.

Mijn moeder kijkt ons even aan, op de een of andere manier verlegen, en zegt dan: 'Ik koop twee broodjes kaas en limonade. Kom in de rij staan, anders krijgen we niets meer voordat de pauze voorbij is.'

'Maar we willen die andere. Er zit ook tomaat op,' breng ik in. Kaas hebben we thuis ook, wat moet ik met kaas?

'Ja, en er zit heel veel kaviaar op het brood,' helpt Nadja me. We springen van het ene been op het andere.

'En we zijn toch in het theater!' doe ik er een schepje bovenop. Ik mag niet om eten en speelgoed vragen, ik weet dat mijn ouders nauwelijks geld hebben. Ik wil ze niet kwetsen, ik weet dat ze me het liefst de hele wereld zouden geven. Dat is een ongeschreven wet in onze familie. Een andere wet luidt echter dat je in de pauze in het theatercafé iets lekkers krijgt. Dat hoort erbij. Net als het applaus aan het eind van de voorstelling.

Mijn moeder weet dat ook. 'Ik koop nu twee broodjes kaas voor jullie en na de voorstelling gaan we nog een ijsje eten, wat vinden jullie daarvan?' vraagt ze.

'Nee, dan zijn we hier toch niet meer,' zeg ik ongeduldig. De pauze is bijna voorbij, snapt ze dat dan niet? Misschien zijn de broodjes gewoon te duur. 'Dan hoeven we heel lang niet meer naar het theater, alleen deze ene keer, alsjeblieft! En voor mijn verjaardag hoef ik ook niets te hebben!' probeer ik te onderhandelen.

'Weten jullie,' zegt mijn moeder terwijl ze op haar hurken gaat zitten zodat ze ons in de ogen kan kijken. 'Wij mogen die broodjes niet. Die zijn alleen voor buitenlanders. Ik zou ze graag voor jullie kopen, maar dat gaat helaas niet.' Ze ziet er heel verdrietig uit als ze dat zegt.

Ik pak Nadja's hand en geef er een kneepje in, zodat ze niet begint te huilen. Ik ben ook in de stemming om te huilen.

'Goed, dan nemen we de broodjes kaas en straks ijs, oké Nadja?' zeg ik zo opgewekt mogelijk. Ze heeft het begrepen en lacht.

'Ja, ik heb nog nooit 's avonds laat ijs gegeten,' giechelt ze.

Er rollen twee tranen langs mijn wangen, twee heel kleine. Die ziet mijn moeder vast niet.

# 40

Plotseling is Sint Petersburg vol westerse toeristen. Ze bezoeken het theater en musea, maken rondvaarttochten, fotograferen bijna elk gebouw en verbazen zich erover hoe goedkoop alles is. Toch kopen ze het goedkope Russische eten niet. Plotseling schieten overal winkels uit de grond, met stellingen vol westerse producten, van chocoladerepen tot ingevlogen groente. In zulke winkels kan alleen met dollars worden betaald.

Onder kinderen doet een nieuw spel de ronde: we tellen de buitenlandse auto's die we zien. Als we emigreren ben ik bij 324.

Op weg van school naar huis worden we aangesproken door Amerikaanse toeristen. Ze zijn dik en dragen baseballcaps, waar wij van dromen, en T-shirts met Engelse opschriften. Ze willen ons de weg vragen en proberen het met behulp van hun reisgids in het Russisch, maar wij zeggen heel trots: 'We speak English.' In Rusland is dat een zeldzaamheid, maar wij zitten tenslotte op een 'Engelse school'.

Ze willen naar de binnenstad en we leggen uit hoe ze bij de metro komen. Ze zijn helemaal verrukt van ons, die kleine, lieve, Russische kinderen die Engels spreken, en zoeken in hun tas naar cadeautjes voor ons. Ik weet dat het tamelijk onwaarschijnlijk is dat ze hun caps afdoen en die aan ons geven, maar ik hoop er toch op.

Ze doen het niet. In plaats daarvan halen ze reclamebalpennen uit hun tas en geven die aan ons. Ze zijn waarschijnlijk al een paar dagen in Rusland en hebben begre-

pen dat alles met Latijnse letters hier gewild is. De balpennen zijn afkomstig van een Amerikaanse kapper, ontcijferen we later.

De volgende dag zijn Nadja en ik met onze balpennen
de helden van de school.

# 41

Ik word wakker door gerammel van serviesgoed in de keuken. Ik heb een paar seconden nodig om me te herinneren waar ik ben en wat er is gebeurd, maar zodra ik dat weer voor ogen heb, zou ik het liefst de deken over mijn hoofd trekken en weer zo vast in slaap vallen dat ik nergens over hoef na te denken.

Dat gaat helaas niet, ik ben klaarwakker. Naast het gerammel hoor ik zachte muziek, Jan is thuis en doet de afwas. Ik kijk naar de wekker die naast het bed staat. Het is over zevenen, ik heb de hele dag geslapen. Toch heb ik hoofdpijn en voel ik me uitgeput. Misschien is het geen vermoeidheid, maar mijn slechte geweten. Ik durf de keuken niet in.

Het duurt nog tien minuten voordat ik opsta, ik trek een spijkerbroek aan, maar hou Jans T-shirt aan en loop op blote voeten naar de keuken. Ik zie er vast heel verfomfaaid uit. Jan merkt niet dat ik de keuken in kom, de muziek staat te hard. Ik blijf even in de deuropening staan, hij staat met zijn rug naar me toe af te wassen en neuriet met de radio mee. De oven is aan, er staat een ovenschaal in. Ik zou nu het liefst mijn armen van achteren om hem heen slaan, zijn ogen dichthouden en vragen wie er achter hem staat, ik zou hem graag laten schrikken en daarmee aan het lachen maken. Ik durf het niet.

'Hallo!' zeg ik. Hopelijk klinkt mijn stem net als altijd.

'Hé!' Jan draait zich om. Hij straalt. We lopen naar elkaar toe, Jan omhelst me en geeft me een kus. Heel teder. Daarna tilt hij me op.

'Eindelijk ben je er weer!' zegt hij. 'Het huis was heel erg leeg zonder jou!' Zijn gezicht straalt, plotseling kijkt hij heel verliefd. Maar misschien kijkt hij altijd zo en heb ik dat alleen nooit gemerkt.

'Ik heb jou ook gemist,' zeg ik. Dat is waar.

'Ik maak een ovenschotel met groente voor ons. Toen je er niet was heb ik me alleen met diepvriespizza's gevoed, daarom wilde ik vandaag echt eten voor ons maken,' vertelt Jan en hij draait zich weer naar het aanrecht. 'Ik denk dat het bijna klaar is. Ik maak de afwas af, en dan vertel je me tijdens het eten over je reis, is dat goed?'

Ik knik, wat hij niet ziet omdat hij met zijn rug naar me toe staat. 'Ja,' zeg ik. Hij ziet er goed uit in zijn verbleekte spijkerbroek en rood-blauw gestreepte hemd, dat we samen hebben uitgezocht. Waarschijnlijk heeft hij het aangetrokken omdat hij weet hoe mooi ik het vind.

Ik haat mezelf.

'Ik ga eerst even onder de douche, ik ben nog helemaal niet goed wakker,' zeg ik. Ik draai me om en wil de keuken uit lopen, maar plotseling staat Jan achter me en geeft me een kus in mijn nek.

'Tot zo, Anjetschka,' zegt hij.

Ik douch zo koud als ik kan verdragen. Ik moet wakker worden en helder nadenken, bovendien moet ik Ilja van me afwassen, het gevoel van zijn handen op mijn lichaam. Ik heb kippenvel als ik me afdroog, maar Ilja's aanrakingen zijn er nog steeds. Misschien verdwijnen ze als ik met Jan vrij.

Als ik in de keuken kom heeft Jan de tafel al gedekt. Hij heeft zelfs een kaars aangestoken, mijn onromantische Jan. Ik draag zijn veel te grote shirt nog steeds.

'Wat is er met je? Jij bent anders toch nooit voor een *candlelight dinner* te porren?' vraag ik.

'Dit is ook geen candlelight-dinner, dit is één kaars. Bovendien doe ik dat vaker, maar dat merk je meestal niet, omdat je te druk bezig bent met bedenken hoe vriendschappelijk en onromantisch onze relatie is,' antwoordt Jan en hij geeft me een kus.

Ik glimlach naar hem en voel me een bedriegster. Ik ga zitten. De ovenschotel ziet er heerlijk uit, maar ik heb geen trek.

'Ik drink het liefst bier, of wil je dat we een fles wijn openmaken?' vraagt Jan.

'Nee, neem maar bier. Ik denk dat ik helemaal geen alcohol wil. Ik neem een glas vruchtensap,' zeg ik.

'Goed.' Jan haalt bier voor zichzelf en een fles appelsap voor mij. Omdat ik hem niet wil teleurstellen, verzwijg ik dat ik geen honger heb en hij schept een grote portie voor me op.

'Zo, en nu wil ik alles over Parijs horen. Hoe was het met de Russen?' vraagt Jan als we met elkaar hebben getoost.

Ik vertel hem over Parijs, beschrijf al het eten dat in de bus werd geruild, en maak hem daarmee aan het lachen. Ik probeer zo grappig mogelijk te zijn. Ilja's naam noem ik niet één keer. Jan lacht stralend en gelukkig naar me. Ik weet dat ik hem over Ilja moet vertellen, maar ik wil niet dat de lach van zijn gezicht verdwijnt.

Jan vertelt over het etentje met zijn baas. Het ging om een nieuw onderzoeksproject dat hij gaat helpen begeleiden. Ik laat hem precies uitleggen waarover het gaat, hoewel scheikunde me niet interesseert en ik er nauwelijks iets van begrijp.

We praten lang, lachen veel, en Jan streelt mijn hand een paar keer. Voordat ik het in de gaten heb is mijn bord leeg, en ik neem nog meer. Ik verdring Ilja en Parijs uit mijn gedachten. Misschien vertel ik hem helemaal niets, ik wil Jan immers niet kwetsen. Langzamerhand voel ik me iets beter.

'Anjetschka, je weet toch dat je me alles kunt vertellen?'

zegt Jan plotseling. Hij heeft nog een biertje gehaald. Ik ben perplex en staar hem aan. 'Wat bedoel je daarmee?' vraag ik. Trilt mijn stem?

'Dat je me moet vertellen wat er tussen jou en Ilja is gebeurd.'

Ik zwijg. Ik heb een brok in mijn keel. Het is zover. Gaan we nu uit elkaar? Plotseling komt alles me heel onwerkelijk voor, het eten en het goede gesprek lijken gespeeld, Jans woorden alleen gefantaseerd. Ik zeg niets. Jan neemt een slokje van zijn bier. De stilte tussen ons is onwerkelijk.

'Ben je met hem naar bed geweest?' vraagt Jan na een tijdje.

'Nee!' roep ik uit. Het klinkt wonderlijk hard na het zwijgen.

Jan vraagt niet verder, in zijn ogen lees ik geen opluchting.

'Maar we hebben gezoend,' zeg ik als de stilte ondraaglijk wordt.

Jan geeft eerst geen antwoord. Hij trekt het etiket van het bierflesje, het is Jever, zijn geliefde Noord-Duitse bier.

'Ik wilde niet met hem naar bed,' voeg ik eraan toe, wat niet helemaal overeenkomstig de waarheid is.

'Ik weet dat je hem geweldig vindt. En ik was bang dat er iets tussen jullie zou gebeuren,' zegt Jan.

'Wist je dat?' Ik ben volkomen verrast.

Jan knikt. Hij rolt het etiket tot een balletje op.

'Waarom heb je niets gezegd? Waarom heb je me naar Parijs laten gaan?'

'Je bent volwassen. Je beslist zelf waar je naartoe gaat. Bovendien moet je iemand soms laten gaan, als je wilt dat hij weer terugkomt. Uit zichzelf terugkomt.' Dat is een tegeltjesspreuk. Jan praat anders nooit zo. Hij kijkt me aan. Niet verdrietig, maar afstandelijk. Dat doet pijn.

Ik huil. De tranen stromen over mijn gezicht, ik veeg ze niet weg. Ik wilde dat ik Ilja niet opnieuw had ontmoet, het liefst had ik hem zelfs nooit leren kennen. Ik wil ons fijne leven terug, onze gekke invallen en onze vriendschap, ik wil mijn liefdevolle Jan terug. Hij kijkt nog steeds afstandelijk en neemt me niet in zijn armen, wat hij anders altijd doet als ik huil.

'En nu?' vraag ik.

'Geen idee. Wat vind jij?'

Ik weet niet wat ik moet zeggen. Ik wil mijn leven met Jan terug. Maar ik weet niet of ik weerstand kan bieden aan Ilja als ik hem terugzie. Ik haal mijn schouders op en snik.

'Ik wil niet dat we uit elkaar gaan. Ik hou van je. En ik geloof dat al die stress daar op de een of andere manier bij hoort. Maar je moet uitzoeken wat je echt wilt,' zegt Jan. Hij klinkt ernstig, ongewoon ernstig.

'Ik hou ook van jou,' zeg ik. Dat weet ik nu zeker. Ik weet echter ook dat Jan nooit dezelfde gevoelens in me zal wekken als Ilja. Niet die opwinding, de hartkloppingen. Ik ben eerlijk, probeer het aan Jan uit te leggen.

'Luister, Anjetschka, we hebben onze mooie, romantische momenten. Soms hebben we hartkloppingen, maar we wonen samen, we zien elkaar elke dag, we kunnen niet voortdurend opgewonden zijn als we elkaar zien. Dat zou heel vermoeiend zijn. Ik ben heel gelukkig met jou. Of jij dat ook met mij bent, moet je zelf beslissen,' zegt Jan.

Ik geef geen antwoord. We zwijgen nog een tijdje.

'We moeten, denk ik, gewoon afwachten wat er gebeurt,' zegt Jan en hij zet het inmiddels lege bierflesje op de tafel. 'Ik ben moe, ik wil graag televisiekijken, wat vind jij?'

We kijken naar een misdaadfilm. Jan zit op de stoel en ik op de bank. We raken elkaar niet aan. Tussendoor gaat mijn mobiel, ik heb een sms'je, maar ik lees hem niet, omdat ik bang ben dat hij van Ilja is.

Als ik na het tandenpoetsen in bed stap, leest Jan. Ik ga naast hem liggen, maar durf hem niet aan te raken. 'Denk je dat je kunt slapen?' vraagt hij. 'Je hebt tenslotte de hele dag geslapen.' 'Ja, absoluut,' antwoord ik. En ik voeg er snel aan toe: 'De busritten waren heel erg vermoeiend. Ik heb bijna geen oog dichtgedaan.' 'Nou, laten we dan gaan slapen.' Jan doet het licht uit. Ik draai me op mijn zij. Jan blijft een paar seconden op zijn rug liggen, dan draait hij zich naar me toe, slaat zijn armen om me heen en geeft me een nachtzoen in mijn nek.

# 42

'Weet je,' hijgt Jan slechtgehumeurd. 'Wandelpaden hebben een reden, en die gekleurde driehoeken en cirkels op elke kruising ook.'

Ik reageer niet en loop verder.

'Bovendien is het niet goed voor de natuur als we de wandelpaden verlaten,' voegt Jan eraan toe. Hij blijft staan.

Plotseling hoor ik geen geritsel van bladeren meer achter me. Ik draai me niet om. Ik loop verder, hij moet me maar inhalen.

'Waarom kun je met jou nou nooit normaal wandelen?' zucht Jan.

Ik klim verder omhoog terwijl ik me aan wortels vasthoud. Na een tijdje draai ik me om. 'Je kunt niet verdwalen in een bos, geloof me, lieverd,' zeg ik zo kalm mogelijk tegen Jan. Hij ziet er schattig uit in zijn rode regenjas, buiten adem en met natte haren van het zweet op zijn voorhoofd.

'Hoe weet je dat er verder naar boven paddenstoelen zijn?' zeurt Jan als een klein kind.

'Omdat ik dat weet. Kijk naar de grond en de bomen, daaraan zie je het. En verder naar boven is meer licht, daar zijn beslist cantharellen en boleten,' zeg ik.

'Weet je misschien ook al onder welke boom ze groeien?' vraagt Jan. Ik meen spot in zijn stem te horen.

Ik draai me om en loop verder. Het is heel moeilijk om een vriend te hebben die bang is om in een bos te verdwalen, die sceptisch staat tegenover paddenstoelen en uit angst voor een lintworm geen bosbessen verzamelt. Het is heel moeilijk om niet aan Ilja te denken, die me in Parijs heeft verteld dat er hier paddenstoelen groeien, met een enthousiasme in zijn stem en zijn ogen dat me ertoe heeft gebracht hiernaartoe te rijden. Paddenstoelen verzamelen is een Russische passie.

Ik hoor de herfstbladeren onder mijn voeten ritselen, voel de zachte bodem, die net genoeg meegeeft, en voel me thuis. Hoe kan iemand hier verdwalen? Elke boom is anders, elke grashalm is net een straatnaambord. Hoe kan het dat iemand er geen gevoel voor heeft waar welke paddenstoelen groeien?

Augustus was de paddenstoelmaand. Mijn vader probeerde altijd om zijn vakantie in augustus op te nemen, om dan in de datsja te zijn. Iedere vader probeerde dat. Mijn vader maakte me even voor zes uur 's ochtends wakker, als hij alleen met mijn broer paddenstoelen ging zoeken, vertrokken ze zelfs al om vijf uur. Het eerste half-uur slaapwandelde ik en verbaasde me erover hoe opgewekt en wakker mijn vader, mijn broer en Asta waren. Op weg naar het bos, naar de goede plekken, troffen we andere paddenstoelverzamelaars, allemaal concurrenten, schattende blikken vlogen heen en weer. Als iemand zijn mand probeerde te verbergen, had hij pijnlijk weinig gevonden of juist een bijzonder goede plek met heel veel paddenstoelen ontdekt. We hadden allemaal onze plekken en bomen, die we elk jaar weer opzochten. Ik probeerde plekken voor mezelf te zoeken, om niet met mijn vader en mijn broer te concurreren, maar dat was moeilijk. Van de kinderen van mijn leeftijd was ik degene met het grootste aantal 'eigen paddenstoelplekken'.

'Wat hebt u gevonden?' vroegen we de andere paddenstoelverzamelaars. Of: 'Zijn daar achter paddenstoelen?'

De antwoorden waren vaak ontwijkend, iedereen had zijn geheimen, en achterhalen wat de concurrent probeerde te verzwijgen hoorde bij de pret van het verzamelen.

Eén buurman was bijzonder benijdenswaardig, hij had zijn herdershond geleerd om aan paddenstoelen te snuffelen en ze dan te zoeken. Hij blafte heel hard als hij iets had gevonden. Onze talrijke en onvermoeibare pogingen om Asta daarin te trainen, mislukten. Ze rende als een gek door het bos, rolde door het gras, begroette alle concurrenten vriendelijk, wilde dat we stokken naar haar toe gooiden en weigerde pertinent om zich voor paddenstoelen te interesseren. Wekenlang stonden we in alle vroegte op en wandelden urenlang door het bos. Wekenlang kookten mijn moeder en mijn oma paddenstoelsoep, weckten paddenstoelen en marineerden ze, wekenlang maakte mijn vader zijn beroemde aardappel-paddenstoelgerecht. We kregen geen genoeg van de paddenstoelen, alleen Asta hield er niet van.

In Duitsland kocht mijn vader een boek over paddenstoelen en stelde verbaasd vast dat hier heel andere paddenstoelen als giftig werden beschouwd dan in Rusland. Als we in Duitsland paddenstoelen verzamelden, probeerde mijn vader een gesprek aan te knopen met de paar paddenstoelverzamelaars die we tegenkwamen. 'Wat hebt u gevonden?' vroeg hij, en één keer probeerde hij een echtpaar uit te leggen dat ze de verkeerde paddenstoelen in hun mand hadden. Ik ging altijd zo ver mogelijk bij hem vandaan staan, ik vond het pijnlijk dat mijn vader mensen aansprak die helemaal geen zin hadden om te praten.

Als mijn ouders bezoek van Duitse vrienden kregen, maakte mijn vader trots zijn beroemde aardappel-paddenstoelgerecht. De meesten kenden alleen cantharellen en champignons van de weekmarkt en vertrouwden de paddenstoelkennis van mijn vader niet. Ze bedankten beleefd, ze hadden geen honger.

'Maar het zijn paddenstoelen!' probeerde mijn vader het nog een keer, verbaasd dat iemand dat niet lekker kon vinden. Ik wilde dat ik een Duitse familie had.

Ik vind mijn eerste paddenstoel zodra we op de open plek aankomen. Hij ligt onder een blad, maar ik voel dat er onder deze boom paddenstoelen staan, en als ik hem ontdek, stoot ik een vreugdekreet uit, ik ben het nog niet verleerd.

'Kijk eens, Jan, ik heb er een! Kijk eens hoe mooi hij is!'

Jan glimlacht en geeft me een kus. 'Hij is prachtig, gewoonweg prachtig,' zegt hij overdreven enthousiast.

Sinds ons gesprek zijn er vijf dagen verstreken. We zijn in onze oude sleur teruggevallen. Over Ilja hebben we niet meer gepraat. Het is net als altijd, maar we vrijen niet met elkaar. Ilja heeft verschillende sms'jes gestuurd en twee keer geprobeerd me te bellen, maar ik wil niet met hem afspreken en negeer zijn contactpogingen.

'We moeten op verschillende plekken zoeken,' zeg ik tegen Jan. 'Jij blijft hier in de buurt en ik loop een stuk in die richting.'

'En hoe vinden we elkaar dan?'

'Ik ben niet ver weg. Ik roep je gewoon.'

Het was een goede zomer voor paddenstoelen. Het heeft veel geregend, maar het was niet te koud. Dat is belangrijk voor paddenstoelen. In een halfuur heb ik voldoende voor een maaltijd verzameld.

'Jan,' roep ik zo hard mogelijk.

'Hier,' roept hij terug. Ik loop in zijn richting.

'Ik heb je geroepen, maar je hoorde me niet,' zegt hij als hij me ziet. Hij ziet er een beetje verloren uit, heel schattig.

'Ik heb je niet gehoord. Je moet heel hard roepen.'

'Maar ik heb heel veel paddenstoelen gevonden! Ik wist alleen niet welke giftig zijn, dus heb ik ze allemaal meegenomen.' Jan laat me zijn vondst zien. De meeste padden-stoelen zijn giftig of zitten vol wormen.

'En?' vraagt Jan. Hij ziet er trots en opgewonden uit, alsof hij het verzamelen leuk vond.

'Dat heb je fantastisch gedaan!' zeg ik. 'Vanavond eten we paddenstoelen met aardappelen, naar het recept van mijn vader.'

# 43

Mijn ouders leren veel van hun Duitse vrienden in het kamp kennen. Meestal zijn het mensen die vrijwillig iets voor de quotumvluchtelingen willen doen, deels zijn het christelijke mensen die via de kerk horen dat er joden in Ludwigsburg wonen. In het begin willen ze alle joden in het kamp helpen, maar mettertijd ontstaan er echte vriendschappen tussen hen en mijn ouders. Uit de ongelijke verhouding tussen helpende christenen en arme vluchtelingen ontstaan gelijkwaardige, respectvolle vriendschappen.

Een gepensioneerde jurist geeft mijn oma en een andere oude vrouw uit het kamp Duitse les. Ze zijn te oud voor de taalcursus waar alle andere kampbewoners verplicht naartoe moeten. Mijn oma en haar vriendin lezen kinderboeken voor eersteklassers. De jurist komt elke week naar het kamp en wij moeten allemaal de kamer uit als ze les hebben.

Het is vlak voor Kerstmis. De omales is voorbij, we wensen de jurist een prettig kerstfeest, hij neemt voor twee weken afscheid. Ik ga op de binnenplaats spelen. Voor de toegangsdeur van het kamp staan twee enorme dozen: een voor mijn oma, een voor de andere oude vrouw. Het hele kamp verzamelt zich in de keuken, iedereen is even opgewonden, kinderen én volwassenen. In de dozen zitten kerstcadeaus, voornamelijk zoetigheid: kerststollen, taaitaai, chocoladekerstmannen (die eet ik nooit op, die zijn veel te mooi), kerstkoekjes, allemaal heerlijkheden die we nog nooit hebben gezien. Alles is in kleurig kerstcadeaupapier verpakt, alles apart. Het ziet er fantastisch uit. Maar waarom hebben ze alles afzonderlijk ingepakt? Zoveel prachtig papier verspild? Dat moet toch een vermogen hebben gekost! Er moet een reden voor zijn. Misschien gaat de kwaliteit achteruit als je de spullen naast elkaar legt? Misschien moet je ze door middel van papier van elkaar scheiden? Maar waarom nemen ze daar dan van dat mooie papier voor?

De jurist en zijn vrouw raken bevriend met mijn ouders, 'mijn vriend' zegt mijn vader tegen hem, en ze kloppen elkaar op de schouders. Duitsland wordt langzaam maar zeker ons thuisland.

Mevrouw Dimmer komt ook bij ons in het kamp. Ze heeft van mevrouw Kraus, de directrice, opdracht gekregen om me aanvullend onderwijs te geven: buitenlandse kinderen krijgen namelijk 's middags Duits met een speciaal daarvoor opgeleide lerares.

Omdat ik niet precies heb begrepen waarom ik om twee uur nog een keer naar school moet komen en omdat ik onaangename ervaringen met de zwemles heb gehad, neem ik 's middags boeken voor alle vakken en daarnaast zwem- en sportkleding mee. Het blijkt dat ik helemaal niets hoefde mee te nemen. Over een paar weken is het zomervakantie, en daarom nodigt mevrouw Dimmer haar buitenlandse leerlingen bij haar thuis uit. We vertrekken vanaf school en in het begin ben ik een beetje bang om ontvoerd te worden of straks de weg naar huis niet meer te vinden. We krijgen aardbeientaart bij mevrouw Dimmer en spelen yahtzee. Op deze middag leer ik de zin 'jij bent aan de beurt'. Mevrouw Dimmer maakt foto's terwijl we spelen.

Ze deelt de afdrukken op de laatste schooldag voor de vakantie aan de kinderen uit. Omdat ik de laatste week van school spijbel, krijgt ze van de schoolleiding het adres van het kamp en brengt de foto's bij me langs.

'Er is een Duitse vrouw naar je op zoek,' zegt een buurvrouw tegen me. Ik ga samen met mijn moeder naar buiten. Als ik mevrouw Dimmer zie staan, mevrouw Dimmer, die in een mooi huis met een tuin woont en zelf aardbeientaart bakt, begint mijn hart te bonken.

'Dat is de lerares bij wie ik thuis ben geweest,' fluister ik tegen mijn moeder terwijl we naar haar toe lopen. Hopelijk is ze hier niet om tegen mijn moeder te zeggen dat ik heb gelogen, dat ik de laatste dagen helemaal niet vrij was.

'Je bent niet meer op school geweest en ik wilde je deze foto's geven,' zegt mevrouw Dimmer. Ze is op de fiets.

Ik knik. Mijn moeder geeft me een por. 'Dank u,' zeg ik.

'Bent u Anja's moeder?' vraagt mevrouw Dimmer.

'Ja,' antwoordt mijn moeder. Ze nodigt mevrouw Dimmer uit voor een kop koffie in onze kamer. Ik wil het niet, ik schaam me, maar mevrouw Dimmer gaat mee, drinkt koffie en eet koek.

'Wat ga je in de vakantie doen?' vraagt mevrouw Dimmer aan me voordat ze weggaat. Ik haal mijn schouders op.

'Ik wil volgende week raamafbeeldingen knutselen, heb je misschien zin om me te helpen?' vraagt ze.

Ik kijk mijn moeder aan, ik snap niet waar ik bij moet helpen.

Mijn moeder zegt 'ja' voor me. Mevrouw Dimmer nodigt mijn moeder uit om mee te komen als ik naar haar toe ga.

Ik knutsel een kleurige papegaai als raamafbeelding. Hij fleurt onze kamer op, vind ik. Mijn moeder en mevrouw Dimmer raken bevriend.

# 44

Mijn ouders krijgen anderhalf jaar later een woning. Ik zit inmiddels in de vijfde klas, spreek fout- en accentloos Duits en ben zelfs bij dictees de beste van de klas. Ik kan nauwelijks wachten tot we het nieuwe huis betrekken. Dan kan ik mijn nieuwe vrienden van school eindelijk ook eens bij mij uitnodigen. Het duurt vier maanden voordat we er gaan wonen, het moet gerenoveerd worden. Elke middag wandelen mijn oma en ik naar ons toekomstige huis om te kijken hoe het werk vordert. Mijn vader tekent verschillende ontwerpen voor de woning en 's avonds zitten we rond de tafel en bespreken de inrichting.

De woning lijkt reusachtig, hij heeft vier kamers. Mijn broer studeert inmiddels in Berlijn, er is dus een slaapkamer voor mijn ouders, een zitkamer, een kamer voor mijn oma en een kamer voor mij. Mijn eigen kamer. Elke dag verheug ik me erop. Hij is ingericht met lichte, grenen meubelen, net als de kamers van mijn klasgenoten. 's Avonds, als mijn ouders welterusten hebben gezegd en de deur dicht is, de deur naar mijn eigen kamer, doe ik het licht nog een keer aan en loop door mijn kamer. Hij is enorm groot.

Eén keer, als ik 's nachts opsta om naar het toilet te gaan, zie ik mijn moeder en mijn oma in de zitkamer staan. 'Wat is er?' vraag ik slaperig. 'Waarom zijn jullie nog wakker?'

'Niets, we raken alleen de muren aan. Zoveel muren die we met niemand hoeven te delen,' zegt mijn moeder.

'Ik ga nu naar mijn eigen kamer,' zegt mijn oma, met de klemtoon op 'eigen'.

Ik ga naar de badkamer, een badkamer alleen voor onze familie.

Vanaf dat moment wordt alles goed. Mijn ouders vinden een baan. Weliswaar niet als ingenieur, zoals in Rusland, mijn vader is nu elektricien en mijn moeder boekhoudster, maar dat maakt niet uit, ze gaan net als alle anderen elke dag naar hun werk. Mijn oma vliegt naar Rusland om haar zus te bezoeken en als ze terugkomt zegt ze: 'Wat heerlijk om weer thuis te zijn.' Ik organiseer op mijn verjaardag een groot feest bij ons thuis, waarvoor ik al mijn Duitse vrienden van school uitnodig. Naar het kamp ga ik nooit meer terug.

# 45

Ilja wacht me op bij de universiteit. Hij staat voor de collegezaal met een roos in zijn hand, ik vraag me af hoe hij weet dat ik bij dit college aanwezig ben. Ik ben in eerste instantie verrast, maar ook blij. Dat bevalt me niet. 'Als de berg niet naar Mohammed komt, gaat Mohammed naar de berg,' zegt Ilja in het Russisch als ik naar hem toe loop. Het is een oud Russisch spreekwoord. Hij geeft een kus op mijn wangen en houdt me de roos voor.

'Noem je mij een berg?' antwoord ik, omdat ik niet weet wat ik anders moet zeggen, en daarna: 'Bedankt voor de roos.' Het is een langstelige rode roos. Bloemen geven is heel belangrijk voor Russen, mijn broer neemt altijd bloemen voor mijn moeder en mij mee. Jan vindt het ouderwets om bloemen te geven en doet het daarom maar zelden.

'Je hebt niets van je laten horen,' zegt Ilja.

'Ik moest over een paar dingen nadenken.'

'Over wat er tussen ons is gebeurd?'

'Ja.'

We staan midden in de gang, ik hou de roos in mijn hand en de langslopende studenten kijken naar ons.

'Laten we naar buiten gaan,' stel ik voor.

'Ga je mee lunchen?' vraagt Ilja.

Ik heb eigenlijk afgesproken om met Lara te gaan lunchen, ik wil met haar over Ilja praten, maar dat vertel ik hem niet. Ik negeer zijn uitnodiging. Bij de ingang staan zoveel mensen dat Ilja en ik even tegen elkaar aan worden geduwd, het is maar een moment, maar het is voldoende om zijn geur te ruiken en hem plotseling weer onweerstaanbaar te vinden.

'Ga je me vertellen wat er uit dat nadenken van jou is gekomen?' vraagt Ilja als we buiten zijn.

'Niet veel,' antwoord ik.

'Ik weet dat je al heel lang met Jan samen bent,' begint Ilja. 'Maar wat er tussen ons is, wat er altijd tussen ons is geweest ... Ik weet niet hoe ik het moet zeggen. Op het gevaar af dat het belachelijk en sentimenteel klinkt, denk je niet dat het zo moest zijn, dat we elkaar weer moesten tegenkomen?'

Dat heb ik me ook al afgevraagd. Ik zeg het niet hardop, ik wil niets zeggen waardoor mijn anti-Ilja-scherm kan barsten.

'Je hoeft geen antwoord te geven,' zegt Ilja als ik zwijg. 'Laten we iets gaan eten.' Hij kijkt om zich heen, op zoek naar een café of restaurant. 'Wat denk je van Italiaans?' vraagt hij. Aan de overkant is een pizzeria. Plotseling stoort zijn zelfverzekerde houding me, hij gaat ervan uit dat ik met hem ga eten zodra hij opduikt.

'Ik heb al een lunchafspraak,' zeg ik. Ik voeg er expres niet aan toe dat Lara op me wacht, laat hem maar in het ongewisse of ik een afspraak met Jan heb.

'O.' Ilja kijkt verrast. Dat maakt me blij.

'Zullen we dan een andere keer afspreken?' stelt hij voor, plotseling lijkt hij veel onzekerder.

'Ik heb tijd nodig om na te denken. Je hoort van me,' antwoord ik, ik ga op mijn tenen staan om hem een kus op zijn wangen te geven en loop houterig weg.

'Is die van Ilja?' vraagt Lara als ze de roos in mijn hand ziet.

'Hoe weet je dat?' vraag ik en ik ga bij haar aan tafel zitten. Ze heeft al koffie besteld.

'Omdat dat bij hem past. De grote, romantische verleider die alles doet om te krijgen wat hij wil hebben,' antwoordt Lara. Ze schat hem uitstekend in, hoewel ze hem nog nooit heeft gezien. Ik vertel dat hij me bij de universiteit opwachtte.

'En hoe gaat het nu met jou?' vraagt Lara.

'Het is opwindend om hem te zien.'

'En hoe is het met Jan?'

'Goed. Het gaat heel goed tussen ons als we vergeten dat Ilja bestaat.'

Lara zwijgt. Ze weet dat ik het zelf moet oplossen. Hoe sneller, des te beter, ik heb er genoeg van om voortdurend over Ilja en Jan, Jan en Ilja, na te denken. We delen een grote pizza en praten over de universiteit. Lara vertelt over een boek dat ze net leest.

Bij het afscheid omhelst ze me. 'Weet je, ik geloof dat je helemaal niet zoveel hoeft na te denken. Op een bepaald moment vertelt je hart je wat je wilt. Of wie,' zegt ze. Die zin had bijna van mijn emotionele moeder afkomstig kunnen zijn.

Ik besluit om spontaan bij Ilja op bezoek te gaan. Ik ga gewoon naar hem toe, in zijn kleine kamer, en wacht af wat er tussen ons gebeurt. Wat mijn hart me vertelt. In de metro, op weg naar hem toe, dwing ik mezelf de krant te lezen. Ik wil geen zinnen in mijn hoofd voorbereiden, ik wil Ilja en mezelf verrassen.

Zijn huisgenote doet voor me open. Ilja is in zijn kamer. Op de gang staan stapels bierkratten.

Ik klop op Ilja's kamerdeur. Binnen hoor ik een geïrriteerd 'ja'.

Ilja ligt op bed. Hij draagt een geruite boxershort, verder niets. De boxershort heeft aan een kant een klein scheurtje. Als hij me ziet springt hij overeind.

'Hé, dat is een verrassing! Daar heb ik helemaal niet op gerekend!' Hij lijkt echt blij te zijn.

'Ja, ik dacht dat ik maar eens langs moest komen. Heb ik je wakker gemaakt?' Zijn haar zit in de war, wat er lelijk uitziet. Pas nu valt me op hoeveel gel hij moet gebruiken om te zorgen dat zijn haar goed zit.

'Ik was zo moe dat ik even ben gaan liggen. Maar door jou word ik graag gewekt.' Ilja kijkt me glimlachend aan. Flirtend. Ik ga er niet op in.

'Ik trek snel iets aan en dan gaan we ijs eten. Ik heb nog wat in de vriezer. Wat vind je daarvan?' stelt Ilja voor. Hij heeft alleen vanille-ijs, wat ik niet lekker vind. Ik eet het toch.

Ik wil niet over ons praten en begin een onschuldig gesprek over een film, de bioscoopagenda ligt op tafel.

Na een tijdje komt Ilja's huisgenote de keuken in. Ze streelt in het voorbijgaan over zijn rug.

'Nou, lekker geslapen?' vraagt ze.

'Jazeker. Heel lekker.'

'En, heb je van mij gedroomd?' Ze negeert me en flirt met hem alsof ze altijd zo met elkaar omgaan. Ilja kijkt naar me.

'Ik heb niets gedroomd,' zegt hij.

Ik eet de laatste lepel ijs, het smaakt me niet.

# 46

Op weg naar huis doe ik boodschappen. Ik kook aardappelen en eieren, snijd uien en vleesworst in kleine blokjes, maak een blik erwten en worteltjes open. Als ik klaar ben staat er een enorme schaal Russische aardappelsalade voor me.

Jan komt later thuis dan anders. Ik draag de spijkerrok die hij zo leuk vindt en loop telkens weer naar het badkamerraam, van waaruit de straat voor ons huis zichtbaar is. Ik zie Jan en zijn fiets niet. De telefoon gaat een paar keer, maar ik neem niet op. Als het Jan is, probeert hij het op mijn mobiel. En ik wil met niemand anders praten.

Als ik zijn sleutel eindelijk in het slot hoor, heb ik de helft van de aardappelsalade al opgegeten.

Ik loop naar de gang.

'Ik heb …' beginnen we tegelijkertijd te praten. Jan lacht.

'Jij eerst.'

'Ik heb een enorme schaal Russische aardappelsalade voor ons gemaakt, maar de helft is al op,' zeg ik.

'Mmm! Daar ben ik blij om, ik verhonger bijna! Ik heb een boek over paddenstoelen gekocht, zodat ik de volgende keer in het bos niet meer de verkeerde verzamel. Je kunt erin schrijven welke paddenstoelen voor Russen niet giftig zijn.'

Ik geef Jan een kus en trek hem de keuken in.

'Heb je zin in wijn?' vraagt hij.

'Ik heb bier voor ons koud gezet,' antwoord ik.

We eten de aardappelsalade in de zitkamer op de bank,

rechtstreeks uit de schaal, en drinken er bier bij. Jans favoriete misdaadserie is op de televisie.

'Weet jij wie de moordenaar is?' vraag ik elke vijf minuten om hem te ergeren.

Hij kietelt me. 'Hou je daar eindelijk mee op? Anders missen we de moordenaar nog!'

Als de aflevering voorbij is, zet Jan de televisie uit.

'Fijn dat je weer terug bent!' zegt hij zachtjes. Hij kijkt me weer net zo verliefd aan als op de dag dat ik uit Parijs terugkwam.

'Hoe weet je dat ik weer bij je ben?'

'Omdat ik je ken, Anjetschka. Ik zie het in je ogen.' Jan zet zijn biertje op de salontafel en buigt zich naar me toe. Hij zoent me hartstochtelijk, voor het eerst sinds ik uit Parijs terug ben. Ik ga nog dichter bij hem zitten.

De telefoon gaat.

'Neem jij hem maar,' zegt Jan. 'Het is vast je moeder.'

# RUSSISCHE AARDAPPELSALADE

*Recept voor zes personen*

Ingrediënten:
6 aardappelen
3 eieren
3 augurken
½ komkommer
1 ui
1 blikje erwten en worteltjes
200 gram vleesworst of gekookte kalkoenfilet
dille en peterselie
100 gram mayonaise
azijn
olijfolie

**Bereiden** *(alles in een grote schaal doen)*:
Aardappelen en eieren koken, in kleine blokjes snijden; worst en augurken in kleine blokjes snijden; ui klein hakken; worteltjes in kleine plakjes snijden; erwten erbij doen

**Dressing:**
Mayonaise met een paar druppels azijn en olijfolie mengen; dille en peterselie heel klein hakken, erbij doen; kruiden met peper en zout; over de salade schenken